Cesar Martinez

Verborgene Schätze des Glaubens

Den Teilnehmern an dem in der Kölner Pfarrkirche St. Pantaleon von mir gehaltenen Glaubenskurs in Dankbarkeit gewidmet

CESAR MARTINEZ

Verborgene Schätze
des Glaubens

Pantaleonsschriften

CHRISTIANA-VERLAG
im Fe-Medienverlag · D-88353 Kisslegg

Über den Autor:

Monsignore Dr. Cesar Martinez, geboren am 25.12.1936, wuchs im spanischen Galicien auf. Nach dem Abitur 1953 nahm er in Santiago de Compostela das Jurastudium auf, das er 1958 in Barcelona mit dem Titel des Lizenziats abschloss. 1958-1962 Aufenthalt in Rom, Promotion an der päpstlichen Universität des Hl. Thomas von Aquin in Kirchenrecht. 1962 Priesterweihe in Madrid. 1964 kam er nach Deutschland und arbeitete als Seelsorger in Einrichtungen des Opus Dei in Köln. 1976 übersiedelte er nach Münster in Westfalen, wo er apostolische Initiativen von Mitgliedern des Opus Dei priesterlich betreute und die Anfänge des Opus Dei im Norden der Republik mit Schwerpunkt in Hamburg begleitete. 1985-1987 war er Vizeoffizial, 1987-1995 Offizial des Bistums Osnabrück. 1992 wurde er zum päpstlichen Ehrenkaplan mit dem Titel Monsignore ernannt. 1998 kam er nach Köln zurück, von wo aus er u.a. Besinnungs- und Einkehrtage sowie Fortbildungsveranstaltungen betreut. Am 22.1.2008 ernannte ihn Joachim Kardinal Meisner zum Subsidiar an der Pfarrkirche St. Pantaleon in Köln, wo er seit dem als Seelsorger arbeitet.

2. Auflage 2020

VIA·VERITAS·VITA

© Christiana-Verlag im Fe-Medienverlag,
Hauptstr. 22, D-88353 Kisslegg • *www.fe-medien.de*

Satz und Layout: CHRISTIANA-VERLAG
Cover-Foto: Marianne Büsse

Druck: mcpdruck, Polen – Printed in EU

ISBN 978-3-7171-1319-5

Inhaltsverzeichnis

Vorwort

Die Suche nach „verborgenen Schätzen" ist eine tief verankerte Sehnsucht im Menschen. Früher begaben sich ehrgeizige Schatz-Jäger in die Gründe des Meeres und in verschachtelte Höhlen, heute in die Labyrinthe der virtuellen Spiele-Welt. Denn etwas so wertvolles wie ein Schatz – so meinen viele – kann nur an fernen Orten und unter großen Mühen zu finden sein.

Keineswegs. Der wahre Schatz ist mitten unter uns. Und kann von jedem Suchenden gehoben werden. Jetzt und heute. In seinen Vorträgen zeigt Dr. Cesar Martinez, wie bereichernd es für uns ist, den Glauben quasi als „Navi" im Leben und zum ewigen Leben einzusetzen. Zu welch abenteuerlicher Schatzsuche die eigene Existenz wird, wenn wir uns Gott ganz anvertrauen. Wir erfahren in diesen lebendig verfassten Texten mehr über diesen „Schöpfergott" und wer wir Menschen am Anfang waren – und zu was wir wurden nach dem Sündenfall. Sie legen uns nahe, was wir sein und werden könnten, wenn wir zur ehrlichen und andauernden Suche bereit sind. So dürfen wir staunen über die verborgenen wunderbaren Qualitäten unseres christlichen Glaubens, dessen Wert unermesslich ist.

Esther von Krosigk
Köln, 2. September 2019

Kapitel I.

Was machte Gott die ganze Zeit vor der Schöpfung?

Eine Einführung in das Wesen der Liebe

Es geschah irgendwo in Argentinien in der zweiten Hälfte des vergangenen Jahrhunderts. Ein junger Priester namens Jorge, ein Jesuitenpater voller Enthusiasmus und Elan, hielt für Jugendliche eine Katechese über die Schöpfung. Als er mit seinen Ausführungen fertig war, stand ein etwa zwölf Jahre alter Junge auf und mit der entwaffnenden Einfachheit, die Jugendlichen in diesem Alter eigen ist, stellte er laut die Frage: *„Und was machte Gott die ganze Zeit vor der Schöpfung?"*. Der Priester – es war unser jetziger Papst Franziskus – war über die Frage wohl überrascht, antwortete dem Jungen aber wie aus der Pistole geschossen: *„Er liebte"*.

Man darf staunen! Es hat aber eine *„Zeit"* gegeben, in der es außer Gott tatsächlich nichts gab[1]. Weder Erde noch Galaxien,

---

1 Natürlich gibt es in der Ewigkeit bei Gott keine „Zeit", wie wir diesen Begriff in unserer rein menschlichen Sprache verstehen. Im Himmel gibt es ja keine Aufeinanderfolge von Augenblicken. In seinem Kommentar zum Psalm 2 sagt der hl. Augustinus: *In der Ewigkeit gibt es nichts Vergangenes, als habe etwas aufgehört zu sein, und nichts Zukünftiges, als gäbe es etwas, was noch nicht ist. Es gibt nur Gegenwärtiges. Denn was ewig ist, ist immer"*.

Um Realitäten der übernatürlichen Ordnung auszudrücken, sind wir weder Berge noch Meere, weder Tiere noch Menschen, nicht einmal das Vakuum existierte, denn das Vakuum ist ja das Fehlen von etwas, und dieses Etwas gab es auch nicht. *Nur Gott gab es.* Gott allein! Sonst nichts. Und – was machte Gott in dieser „*Zeit*"? Das war ja die Frage des Jungen an den Katecheten, der eines Tages Papst werden sollte. „*Er liebte*", war die Antwort, eine Antwort, die sich genau an die Aussage der Heiligen Schrift anlehnt, also vom Glauben her kam: „*Gott ist die Liebe*", heißt es tatsächlich im 1. Johannesbrief (1 Joh 4,16b), der ja Teil der Heiligen Schrift ist. Durch dieses Wort offenbart sich Gott uns. Er teilt uns mit, wie er ist und was er tut. Und so erfahren wir, dass er tatsächlich die Liebe ist wie auch, dass er nicht nur bei Gelegenheit, sondern andauernd liebt. Die Liebe ist das Leben Gottes. Und das ist es eben, was Gott tut, auch vor der Erschaffung der Welt. Mit der Erschaffung der Welt beginnt unsere „*Zeitrechnung*". Aber davor hat es eine „*Zeit*" gegeben, in der es außer Gott nichts gab. Und in dieser „*Zeit*" liebte Gott und ging darin voll auf.

Bei diesen Überlegungen dürfen wir nicht aus den Augen verlieren, dass *Gott Geist ist,* reiner Geist, an ihm gibt es keine Materie. Gott ist nicht Körper. Unter diesen Voraussetzungen werden manche sich fragen: Was macht der Geist allein? Ist das nicht langweilig, als Geist allein zu sein? Musste die Schöpfung kommen, damit Gott „*endlich*" etwas hat, womit er sich beschäftigen kann? Unser Glaube sagt: Gott ist die Liebe. Er hat nicht nur Liebe, er ist die Liebe. In Gott ist alles Liebe. Sie erfüllt ihn total. Mehr braucht er nicht. Das hört sich zwar gut an, doch die Frage steht im Raum: Wie geartet ist diese Liebe, wenn Gott nichts anderes mehr braucht, weil er darin voll aufgeht und den-

---

Menschen zwangsläufig auf die menschliche Sprache angewiesen, die uns trotz ihrer dafür ungenauen Ausdruckskraft dennoch eine Ahnung von der übernatürlichen Realität vermittelt, um die es geht.

noch Schöpfer wird? Um diese Frage zu beantworten, hilft uns der Glaube wieder einmal auf die Sprünge. Unser Glaube erklärt uns, Gott ist zwar einzig, doch nicht einsam. Er ist ein dreipersonaler Gott: Gott Vater, Gott Sohn, Gott Heiliger Geist. Ein einziger Gott in drei Personen. Diese Dreiheit der Personen in der Einheit der Gottheit ermöglicht, dass Gott liebt und zugleich das Glück erfährt, geliebt zu werden. Was im Übrigen nicht möglich wäre, wenn Gott einpersonal wäre, denn zum Lieben braucht man immer ein Du, ein Gegenüber. Die Dreifaltigkeit ist der Lebensraum Gottes – auch vor der Erschaffung der Welt. In diesem Lebensraum ergibt sich, dass Gott Vater – die Erste Person der Dreifaltigkeit – Gott den Sohn, der die Zweite Person ist, liebt, dieser – der Sohn – erwidert die Liebe des Vaters, und der Fluss der Liebe beider zueinander ist der Heilige Geist. Und das „funktioniert" so, wenn ich dies wohl etwas salopp formulieren darf, seit aller Ewigkeit. Mit dieser innertrinitarischen Liebe ist Gott mehr als nur vollauf zufrieden, er ist maßlos glücklich. Denn das Glück folgt ja der Liebe. Wer liebt, ist glücklich, wer sich geliebt weiß, erst recht. Zunächst ist die Liebe, dann – zwangsläufig – das Glück. Das Glück ist im Grunde nichts anders als das Echo erlebter Liebe. Ja, so ist es eben! Das Glück ist die Erfahrung der Liebe, das tief beruhigende Wohlsein, das im Inneren eines Wesens entsteht, wenn es lieben kann und weiß, dass es geliebt wird. Im Miteinander der Dreifaltigkeit erleben die drei Personen – Vater, Sohn und Heiliger Geist – eine andauernde, stets höchst beglückende, durch nichts beeinträchtigte Liebe. Also liebt Gott andauernd, ohne Pausen, ohne Unterbrechung. Gott kann nicht „nicht lieben". Unser Gott hört niemals auf zu lieben. Das trägt ihn, das ist sein Leben: lieben! Er liebt nicht bloß aktuell, geschweige denn nur gelegentlich, er liebt andauernd! Bei Gott ist die Liebe ein Zustand. Wir sagten vorhin: Zunächst ist die Liebe, dann kommt das Glück, und das stimmt. Der Grad und die Intensität des Glücks hängen von der Qualität und Intensität der Liebe ab. Je tiefer die Liebe, desto größer das Glück. Weil Gott die andauernde Liebe ist, ist sein Glück dementsprechend unermesslich. Gott ist das Glück schlechthin. Er ist glücklich, weil er liebt! Das war es also, was Gott vor der Schöpfung machte: lieben und Liebe erfahren. Doch – wir sind „neugierig" und fragen uns: Wie war die Qualität dieser Liebe? Diese Liebe, die Gott ganz erfüllte und beglückte, war keine bloß aktuelle Liebe – das ist zu wenig! –, sie war Ekstase. Gott erlebte die Liebe im Zustand der andauernden, niemals zu Ende gehenden Ekstase, einer Ekstase ohne Ende. Gott ist also das Wesen, das die Liebe im Zustand des Höhepunkts auf ewig erlebt, ohne jegliche Unterbrechung und ohne jeden Intensitätsverlust. In Gott ist die Liebe immer frisch und bleibt auf ewig grenzenlos beglückend, sie ist eine Liebe, an die man sich nicht gewöhnt, sondern die man immer neu erlebt. In Gott lässt sich die unermessliche, höchst befriedigende Liebe im ewigen Jetzt erleben. Und das ist es eben, was Gott vor der Erschaffung der Welt machte: den Höhepunkt der Liebe andauernd zu genießen. Bei diesem Verweilen in der Liebe verschwindet die Zeit. Man erlebt das Jetzt ewig. Die Uhren bleiben stehen. Nur das wunderbare Erlebnis der Liebe zählt, es ist ein Erlebnis ohne Ende. „Werd ich zum Augenblicke sagen: Verweile doch! du bist so schön! Dann magst du mich in Fesseln schlagen, dann will ich gern zugrunde gehen!"[2].

Gott ist tatsächlich die Liebe. Um es etwas plakativ zu formulieren: Die Liebe in Gott sättigt, ohne satt zu machen. Es ist der Rausch der Liebe ohne Ende. Und gerade das definiert die Ewigkeit. Die Ewigkeit ist im Grunde nichts anderes als das „Nie-zu-Ende-gehende Verweilen" im Erleben eines Glücks, das die Folge einer im Zustand der Ekstase erlebten Liebe ist.

---

2 Johann Wolfgang von Goethe: Faust I

Das war es also, was Gott vor der Schöpfung machte: Er liebte und schwelgte im Glück. Mehr brauchte er nicht. Das kann jeder verstehen.

Und nun kommt ein Zweites hinzu, das unsere Kenntnis von Gott vervollständigt und uns eine innere Beziehung zu ihm ermöglichen kann: Das unermessliche Glück, das Gott seit aller Ewigkeit erfüllte, war derart beglückend, dass er den Wunsch verspürte, so etwas Erfüllendes und Wohltuendes, wie er es erlebte, anderen Wesen zu ermöglichen, damit auch sie in den Genuss eines ähnlichen Glückszustandes gelangten. Und da es diese Wesen „*damals*", d.h. vor der Schöpfung, nicht gab, beschloss er, der die Allmacht schlechthin ist, sie zu erschaffen. Er erschuf sie also, damit sie an seinem unbeschreiblich tiefgründigen, unermesslichen, andauernden Glück *Anteil haben* könnten. *Er will sein Glück, das ihn völlig durchtränkt, anderen weitergeben*, er will das Gute nicht allein für sich behalten. Unser Gott hat Freude am Geben, am Schenken. Unser Gott ist ein selbstloser Gott, ein großherziger Gott, ja, er ist ein gütiger Gott. Und so kam es, dass er aus der Mitte seines unermesslichen Glückszustandes heraus entschied, andere Wesen am Glück teilhaben zu lassen, das ihn ganz erfüllte. Das war *die Geburtsstunde des Menschen.*

Und wie ist das vor sich gegangen? Um den Menschen zu schaffen, musste Gott zunächst einmal eine ganz außergewöhnliche Entscheidung treffen, nämlich, die Außengrenzen des Lebensraumes der Dreifaltigkeit sozusagen zu durchschreiten – in einen Raum hinein, der gar nicht existierte und erst durch sein Hineinschreiten zu existieren begann. „*Gott sprach: Es werde Licht, und es wurde Licht*" (Gen 1,3), heißt es in der Genesis über die Erschaffung der Welt. Und so war es in der Tat, denn außerhalb des Lebensraumes der Dreifaltigkeit lag alles in der Dunkelheit des Nichtseins. Diesen außertrinitarischen Existenzraum – das ist die Schöpfung – erschuf Gott damit der Mensch in ihr – also

13

in der Schöpfung, in der Welt – ein ähnliches Glück erlebte, wie das, das ihn seit aller Ewigkeit begleitete und erfüllte. Und so entstand der Mensch: aus der Überfülle des göttlichen Glücks und aus der Unermesslichkeit der Güte Gottes. Ja, Gott ist offenbar nicht nur Allmacht, er ist auch Güte! Man bekommt sogar den Eindruck, dass die Allmacht Gottes im Dienst seiner Güte steht. Ja, die Güte Gottes! Was ist die Güte? Die Güte ist die Freude am Wohl der anderen. Dass Gott die Güte schlechthin ist, stellt die Schöpfung augenfällig unter Beweis. Denn der Mensch musste ja nicht entstanden sein. Gott wäre bestimmt nicht weniger glücklich gewesen, wenn er das Glück, das er im Miteinander der Dreifaltigkeit seit ewig genoss, weiterhin einfach so auf ewig erlebte. Aber nein, Gott wollte, dass es Wesen gibt, die an seinem Glück und Wohlergehen Anteil haben, und dafür hat er die ganze Schöpfung ins Dasein gebracht, von den Fischen des Meeres und den Vögeln des Himmels bis hin zu den sogenannten Himmelskörpern am Firmament, zu der Sonne, dem Mond und den Sternen wie auch zu den Galaxien um die Erde herum. Alles, was Gott erschuf, erschuf er des Menschen wegen. Das II. Vatikanische Konzil sagt dazu, der Mensch sei das einzige Geschöpf, das Gott *„um seiner selbst willen erschaffen hat*[3]".

Und so kam die Schöpfung zustande: So wie Eltern vor der Geburt eines Kindes alles Nötige im Hause vorbereiten, damit das Kind, wenn es einmal geboren ist, alles Nötige in der Wohnung vorfinde, vom eigenen Kinderzimmer, in kindlichen Farben angestrichen, bis hin zum Schnuller und dem Spielzeug im Kinderwagen, mit dem es eines Tages spielen kann, wenn es dort bequem liegend von hier nach dort gefahren wird, so ungefähr war es mit der Schöpfung. Bevor der Mensch erschaffen wurde, wurde

---

3 Gaudium et spes – Pastoralkonstitution „Die Kirche in der Welt von heute", 24,3

alles andere erschaffen, das dem Menschen helfen könnte, sich in der Weise zu verwirklichen, wie Gott es für ihn vorgesehen hatte. In bildlicher Sprache nennt die Genesis diese Schöpfertätigkeit Gottes das „Siebentagewerk"[4].

Und nachdem alles erschaffen war, was der Mensch zu seiner Verwirklichung eben benötigt –, sprach Gott ganz feierlich, quasi als Schlussakkord der gesamten Schöpfertätigkeit, sichtlich erfreut und – ich rede ja nur menschlich – innerlich tief bewegt: *„Lasst uns Menschen machen als unser Abbild, uns ähnlich"* (Gen 1,26). *„Als Mann und Frau schuf er sie"* (Gen 1,27), heißt es wörtlich in der Genesis. Und so entstand der Mensch! Das ist unser Ursprung! Unter allen Geschöpfen, die aus der Hand des Schöpfers hervorgegangen sind, hat einzig und allein der Mensch die Qualität, Gott ähnlich zu sein.

Als Abbild Gottes ist der Mensch also erschaffen, der Mann wie die Frau. Das ist aber etwas ganz Großes, kaum nachvollziehbar! Abbild Gottes! Wahnsinn! Gott ähnlich! Erstaunlich! Was heißt aber „Ähnlichkeit"? Noch konkreter gefragt: Inwiefern ist der Mensch Gott ähnlich? Gott ähnlich zu sein, ist kein Anhängsel, das man so am Hals oder am Revers der Oberbekleidung trägt; Gott ähnlich zu sein, ist nicht etwas Äußeres, das den inneren Kern der Person nicht erreicht, so wie das Regenwasser am Wintermantel herabtröpfelt, ohne das Innere des Menschen zu berühren. Gott ähnlich zu sein, heißt, dass etwas charakteristisch Göttliches auch im Menschen vorhanden ist. Auf dieser Gemeinsamkeit beruht die Ähnlichkeit. Genauer formuliert: Bei der Schöpfung ist dem Menschen etwas Göttliches gegeben, das bis zu seinem innersten Kern vorstößt und in ihm formgebend wirkt. Noch einfacher erklärt: Zwei Objekte sind sich ähnlich, wenn der eine so etwas wie eine Abbildung des anderen ist. Und

---

4 Vgl. Gen 1,1-31; 2,1-4a

genau so hat Gott den Menschen erschaffen, als sein Abbild, d.h. als ein Wesen, in dem er selber gleichsam aufleuchten sollte. So wurde der Mensch als irdisches Bild des rein geistigen Gottes erschaffen. Mit einem Wort: Im Menschen sollte die geistige Natur Gottes sozusagen leiblich zum Vorschein kommen. Denn er ist ja Gott ähnlich! Daraus geht hervor, dass der Mensch von seinem Ursprung her offenbar dazu bestimmt ist, in der materiellen Welt, in der seine Existenz sich abspielt, ein Abbild des rein geistigen Gottes zu sein. Auf den Punkt gebracht: Gott, der reiner Geist ist, will sich in der außertrinitarischen Welt – das ist ja die Schöpfung! – durch den Menschen, der ja sein Abbild ist, nach außen zeigen[5]. Anders ging es nicht, denn wie könnte sich Gott, der ja reiner Geist ist, in einer materiellen Welt zeigen, außer durch ein materielles Wesen, in dem er selber ist und wirkt? Den Geist kann man ja nicht sehen, doch im Menschen kann man den göttlichen Abglanz Gottes wahrnehmen. Und so erkennen wir, dass der Mensch der Schöpfung dazu berufen war, Gott in der Welt der Schöpfung nach außen zu zeigen, und zwar nicht so, wie wenn ein Schauspieler in einem Theaterstück eine Maske trägt, sondern indem er dank der *„innigsten und tatkräftigen Verbindung"*, in der er mit Gott steht[6], Göttliches ausstrahlt. Wir fassen zusammen: Der Mensch wurde so erschaffen, dass er an der göttlichen Natur Anteil haben durfte. Er war somit Gott ähnlich und vermochte darum ähnlich wie Gott zu wirken. Um es auf den Punkt zu bringen: Der Mensch der Schöpfung, d.h. der Mensch, wie er aus der Hand des Schöpfergottes hervorging, nahm Anteil

---

5 Diese Bestimmung des Menschen, Gott in der materiellen Schöpfung leiblich zu offenbaren, leuchtet in der Person Jesu Christi, der ja der Mensch schlechthin ist, voll auf. *„In ihm wohnt die ganze Fülle der Gottheit leibhaftig. Und an dieser Fülle habt ihr Teil in ihm, der das Haupt aller Mächte und Gewalten ist"* (Eph 2,9-10 Vg), sagt der hl. Paulus wörtlich.

6 Vgl. GS, 19,1 und KKK, 29

„an der göttlichen Natur". Mit anderen Worten: Gott ließ sich bei der Erschaffung des Menschen sozusagen in ihm nieder.

Dass dies so war, dass es im Menschen von Anfang an nämlich ein *„Stückchen"* Gottheit gab, das die Heilige Schrift *„Gottebenbildlichkeit"* nennt, davon berichtet die Heilige Schrift nicht nur bei der Berichterstattung über die Erschaffung des Menschen (vgl. Gen 1,26), sondern auch an verschiedenen weiteren Stellen. So heißt es im Psalm 8 wörtlich, der Mensch sei *„nur ein wenig geringer gemacht als Gott"* (Ps 8,6). Und in der lateinischen Übersetzung der Bibel, der sog. Vulgata, heißt es sogar, der Mensch sei *„fast wie Gott"* erschaffen. Unglaublich, aber wahr! Offensichtlich wollte Gott den Menschen bei seiner Erschaffung nicht nur mit kostbaren Geschenken ausstatten, das war ihm zu wenig, er wollte viel, viel mehr: Er wollte in ihn hinein, er wollte ihn prägen, ihn gottähnlich gestalten, ihm an seinem eigenen Wesen Anteil geben. Das ist offenbar der Sinn des Lebens des Menschen, wie Gott sich dies bei der Schöpfung offenkundig vorgestellt hat. Der Mensch – ich sage es mit tiefer Dankbarkeit und unbeschreiblicher Freude! – ist ein Wesen, mit dem Gott sich gewissermaßen vereinigen will, ein Wesen, in dessen Innerem Gott sein möchte. Kurz vor seinem Tode sagte Jesus zu seinen Jüngern: *„Ich bin in meinem Vater, ihr seid in mir und ich bin in euch"* (Joh 14,20). Und das ist es offenbar, was der Schöpfergott mit der Erschaffung des Menschen beabsichtigte, nämlich den Menschen an seinem Sosein Anteil zu geben, damit sie das Glück und die Erfüllung des Göttlichen selber erleben und es in der Welt der Schöpfung durchschimmern lassen.

Somit wird uns klar, der Mensch ist von der Schöpfung her zu einer innigen Verbindung mit Gott berufen, so dass man zu Recht sagen kann: *„Mit-Gott-mitzugehen"*, gehört eindeutig zur Beschaffenheit des Menschen. Darum konnte einmal der em. Papst Benedikt XVI. sagen, wer Gott einlässt, *„in ihm gehen* *die großen Möglichkeiten des Menschseins erst voll auf*[7]. Logisch, denn Gott gehört ja zum Menschen und umgekehrt gehört der Mensch zu Gott. Der Schöpfer hat uns tatsächlich im Zustand einer tiefergehenden Verbindung mit ihm erschaffen[8], was uns zu göttlichen Werken, ja manchmal sogar zu abenteuerlichen Einlassungen befähigt. Der Mensch ist zwar kein Gott, doch nur ein wenig geringer als Gott[9] . Wie ein Smartphone trägt der Mensch in sich eine Art *„SIM-Karte"*, die ihm ungeahnte Entfaltungsmöglichkeiten erschließt. Diese *„SIM-Karte"* ist die Gottähnlichkeit, auch Gottebenbildlichkeit genannt, die ihm erlaubt, zu Höhen zu gelangen, die allein Gott vorbehalten sind. Das nennen wir die übernatürliche Dimension des Menschen.

Die Teilhabe des Menschen an der Gottheit, die für den Schöpfergott offensichtlich der Grund für die Schöpfung des Menschen war, nennt die Genesis *„Gottebenbildlichkeit"*, das Neue Testament beschreibt sie näher mit der Bezeichnung *„Gotteskindschaft"*. *„Seht, wie groß die Liebe ist, die der Vater uns geschenkt hat, wir heißen Kinder Gottes und wir sind es"* heißt es dazu eben im Neuen Testament (1 Joh 3,1). Kinder Gottes! Das war der Mensch der Schöpfung von Anfang an: Er wurde in die Familie Gottes an Kindesstatt aufgenommen. Und wieder einmal muss man hierzu sagen, dass diese Kindschaft, von der hier die Rede ist, keine bloß äußere Bezeichnung ist, die wie eine schöne Urkunde an der Wand des Wohnzimmers hängt, sondern eine Realität, die den ganzen Menschen in seiner Totalität, also sozusagen *„vom Scheitel bis zur Sohle"*, lückenlos prägt und formt.

---

7 Vgl. Predigt bei der Amtseinführung, Rom, 24.04.2005 (Verlautbarungen des Apostolischen Stuhls, 168, S. 36)

8 Vgl. Gaudium et spes, 19,1; Katechismus der katholischen Kirche (KKK), 29

9 Vgl. Ps 8,6

Diese Nähe zu Gott, die im Menschen der Schöpfung auf-
scheint, seine Kindschaft gegenüber Gott nämlich, bewirkte,
dass der Mensch der Schöpfung von Anfang an unsterblich war.
Eigentlich ist das logisch, denn wenn Gott unsterblich ist, dann
können seine Kinder, die Göttliches in sich tragen, also wir, nicht
sterben. So wollte Gott den Menschen haben und so ist er auch
tatsächlich aus den Händen Gottes des Schöpfers hervorgegangen: als ein vom Geist Gottes durchtränktes erschaffenes Wesen
und darum in einer tatsächlich tief verankerten Verbindung mit
der Gottheit stehend. Ähnlich wie eine Flüssigkeit den ganzen
Schwamm durchtränkt und ihn geschmeidig und brauchbar
macht, so ungefähr sollte es mit Gott und dem Menschen sein:
Das Göttliche strömte durch das Menschliche so hindurch, dass
das Menschliche eben ein Abbild Gottes war. Das Materielle im
Menschen, seine Leiblichkeit also, wird durch die Gottheit tatsächlich durchströmt und zu Höhen gebracht, die die Möglichkeiten der Materie bei weitem übersteigen. Mit anderen Worten: Der
Mensch der Schöpfung wurde als ein geistig-materielles Wesen mit
übernatürlicher Komponente erschaffen. Und wenn man sich die
Frage stellt, warum? so lautet die Antwort: Weil der rein geistige
Gott, der seit aller Ewigkeit im Kreise der Dreifaltigkeit lebt, vor
einer ganz neuen Konstellation konfrontiert war, nämlich: bis zur
Stunde der Schöpfung gab es überhaupt keine Materie. Nun ist sie
da, und Gott will diese neu entstandene materielle Welt mit seiner
Gegenwart erhellen, erfüllen und beglücken. Und so beschloss
er, sich des Menschen zu bedienen, der ja ein materielles Wesen
ist, um mit ihm, durch ihn und in ihm in der Schöpfung präsent
zu sein. Der Geist Gottes ging in den Menschen hinein, und so
wurde das Menschliche fähig, das in ihm verborgene Göttliche
leiblich ans Licht zu bringen.

So war es also mit dem Menschen der Schöpfung bestellt. Er
war von Anfang an ein Kind Gottes, ein Träger Gottes, ein Abbild

Gottes. Er war auch ein unsterbliches Wesen. War das alles? Oh nein! Noch eins besaß der Mensch der Schöpfung, nämlich die perfekte Harmonie zwischen den leiblichen und den geistigen Dimensionen seiner Person. Mit anderen Worten: Der Mensch der Schöpfung war frei von den Begierden. Diese existierten in der Welt der Schöpfung gar nicht. So konnten Adam und Eva nackt sein und empfanden dabei nicht einmal die minimalste Neigung zum egoistischen Missbrauch des anderen zu eigenen Zwecken. Die Begierden – das sind ja die Begierde der Augen, des Fleisches und die Hoffart des Lebens (vgl. 1 Joh 2,16) – existierten in der Welt der Schöpfung nicht. Der Mensch der Schöpfung besaß gewiss Leidenschaften, denn diese helfen dem Menschen, seine Werke richtig zu vollenden, doch sie wirkten stets im völligen Einklang mit den geistigen Dimensionen.

Wir fassen zusammen: Der Mensch – ein Abbild Gottes! – war in jener guten, unverdorbenen Welt des Anfangs jenes Geschöpf, in dem Gott seine geistigen Eigenheiten in materiellen Konturen nach außen trug bzw. tragen ließ. Das war ein absolutes Novum, etwas noch nie Da-Gewesenes, denn bis zur Stunde der Schöpfung gab es, wie gesagt, nur Geist, keine Materie. Die Materie ist erst mit der Schöpfung aus dem Nichts geworden. Und der Mensch sollte in dieser soeben erschaffenen Welt des Materiellen – ich wiederhole – die Gottheit, an der er ja Anteil hatte, leiblich, konkret und gegenständlich nach außen zeigen. Das war die Berufung des Menschen! Man kann es auch so ausdrücken: Durch den von Gott durchtränkten Menschen wollte Gott in dieser neuen Welt der Materie präsent sein. Im Menschen wie auch in sämtlichen menschlichen Vorgängen sollte das Göttliche leuchten, ohne dass dabei das Menschliche aufhörte, menschlich zu sein. Das Göttliche in sich leiblich leuchten lassen: Das ist eine zweifellos treffende Beschreibung der Sinngebung des Menschen, wie der Schöpfergott sie sich vorgestellt hat.

So war der Mensch der Schöpfung also ein unsterblich glückliches Wesen, aus Liebe erschaffen und zur Liebe geboren. In ihm, durch ihn und mit ihm wollte Gott, der in seinem Dasein in der Dreifaltigkeit reiner Geist ist, in der neuen Welt, die er nun schuf, präsent sein. Weil der Mensch der Schöpfung ein Geschöpf war, das sowohl an der rein menschlichen Natur wie auch an der Gottheit Anteil hatte, war er mit beiden Bereichen vertraut. Als Kind Gottes, das also zur Familie Gottes gehörte und darum mit den Drei Personen der Dreifaltigkeit vertraut verkehrte, durfte es einerseits sozusagen Zeuge des andauernden, nicht zu Ende gehenden Liebesvorgangs der Drei göttlichen Personen unter sich sein. Andererseits durfte der Mensch als Wesen der irdischen materiellen Welt, das Menschliche, das er in der Schöpfung erlebte, als etwas in sich Beglückendes erfahren, denn das Leben – wie Gott es sich vorgestellt hat – ist wirklich schön. Als geistig-irdisches Wesen kam der Mensch in beiden Bereichen – im übernatürlichen wie auch im rein menschlichen – voll *„auf seinen Kosten"*.

Und noch eines durfte der Mensch der Schöpfung schließlich tun, bzw. erleben. Er durfte sich an der Schöpfermacht Gottes beteiligen! Der Schöpfergott hatte ihn ja in den Garten *„Eden"* gesetzt – *„damit er ihn bebaue und hüte" (Gen* 2,15). Das bedeutet, der Mensch erhielt gleich bei seiner Erschaffung die Aufgabe, zusammen mit Gott, der schließlich ja auch in seinem Inneren wohnte, die Schöpfung zu vervollkommnen, d.h. sie zu bewahren und zu entwickeln, was eindeutig ein typisch göttliches Werk ist. Also wirkt Gott eigentlich durch den Menschen.

Das Ähnlichkeitsverhältnis des Menschen mit Gott kommt aber ganz besonders stark und augenfällig zum Vorschein in einem weiteren Bereich der Schöpfung, an dem der Mensch sich beteiligen darf. Gemeint ist hier die Weitergabe des Lebens. Dass Leben zu schaffen ein Werk Gottes ist, ist eindeutig, und doch werden Mann und Frau zu Mitschöpfern neuen Lebens. Durch den Vollzug ehelicher Liebe nehmen sie an der Schöpfermacht Gottes teil.

So ist der Mensch aus den Händen des Schöpfergottes hervorgegangen. Eine Pracht war er. Wer würde daran zweifeln.

Unser Glaube versichert uns, diese wunderschöne Schöpfung, wie sie am Anfang war, wird nach vollendeter Erlösung durch Jesus Christus in dem neuen Himmel und auf der neuen Erde wiederhergestellt werden.

Dann wird Gott, ähnlich wie am Letzten Tag der Schöpfung (vgl. Gen 1,31), sich die erlöste Menschheit anschauen und gleichsam als Schlussakkord einer wunderbaren Symphonie ausrufen: *„Es ist alles gut"*, und er wird noch hinzufügen: *„Es hat sich gelohnt"*.

Kapitel II.

Wie lebte der Mensch
bis zum Sündenfall?

Die Schöpfungsordnung

Nachdem wir inzwischen gut wissen, was Gott vor der Schöpfung alles *„machte"*, stellen wir uns nun eine ähnlich hochbrisante Frage, nämlich: *„Was machte der Mensch die ganze Zeit nach seiner Erschaffung, bis er durch den Sündenfall seinen Glanz verlor?"*

Wenn wir uns diese Frage stellen, so tun wir mehr, als nur eine – sage ich mal – historische Untersuchung zu unternehmen. Wir wollen vielmehr wissen, wie unser Leben nach dem Jüngsten Tag, das heißt nach dem Ende der Welt, aussehen wird, falls wir beim Weltgericht – wie wir es durch die Barmherzigkeit Gottes und unser Mitwirken stark hoffen – die befreiende Mitteilung Gottes hören: *„Kommt her, die ihr von meinem Vater gesegnet seid, nehmt das Reich in Besitz, das seit der Erschaffung der Welt für euch bestimmt ist"* (Mt 25,34).

Wie wird dieses Reich aussehen? Das ist die Frage, die wir uns nun stellen. Eine zweifellos hochbedeutende Frage. Wir stellen sie uns, weil es zu unserem Glauben gehört, dass die von Jesus Christus erwirkte Erlösung darin besteht, die Schöpfung im Großen und Ganzen wieder in den Zustand zu bringen, in dem sie erschaffen wurde. Noch genauer formuliert: Die Erlösung bewirkt die Wiederherstellung der – in einigen Punkten sogar bereicherten – Ordnung des Anfangs[10]. Darum ist die Frage nach der Beschaffenheit des Menschen der Schöpfung für uns so wichtig. Denn so wie es damals war, so soll es im Grunde dann auch werden. Unter der Bezeichnung *„Mensch der Schöpfung"* übrigens verstehen wir den Zustand des Menschen, wie er aus den Händen des Schöpfergottes hervorgegangen ist. Also fragen wir uns gespannt, wie der Mensch der Schöpfung war.

Wir wissen nicht, was unserem Stammvater Adam unmittelbar nach seiner Erschaffung durch Gott alles durch den Kopf ging. Im Gegensatz zu uns, die wir als Babys auf die Erde kommen, war er bei seinem Eintritt in die Welt bereits im Erwachsenenalter und verfügte über Vernunft, Willen, Intelligenz und das Bewusstsein der Gottesnähe. Wir können uns gut vorstellen, dass er, als er sich selbst wahrnahm, gestaunt haben muss. Das war alles fantastisch, was sich ihm auftat! Die Welt um ihn herum in ihrer ursprünglichen jungfräulichen Schönheit, die Flora und die Fauna, die Seen und die Meere in ihrem offenkundig intelligent festgelegten Plan, die ganze Harmonie der Schöpfung – das alles stach ihm buchstäblich in die Augen. Adam erkannte sich selber und seine Umgebung und konnte es kaum fassen, dass ihm so viel Gutes zuteil wurde. Er war glücklich und dankbar, zumal der Schöpfergott ihn als Herrn über die ganze Schöpfung eingesetzt hatte. Und so erkannte Adam, dass er erschaffen worden war, damit er Glück erfahre, und zwar nicht nur in der Schau Gottes, sondern auch in der Betrachtung und Handhabung der materiellen Dinge der Schöpfung.

„Lasst uns Menschen machen nach unserem Abbild, uns ähnlich" (Gen 1,26), hatte der Schöpfergott gesprochen. Und so entstand

---

10 „Allmächtiger Gott, du hast den Menschen in seiner Würde wunderbar erschaffen *und noch wunderbarer wiederhergestellt"* (Tagesgebet der Heiligen Messe am Weihnachtstag).

der Mensch als ein gottähnliches Wesen, als ein Abbild Gottes. Was für eine Größe, was für eine Würde! Ein Abbild Gottes! Der Mensch der Schöpfung wusste gut, was das bedeutet, ein Abbild Gottes zu sein, nämlich ein *getreues Bild, eine genaue Wiedergabe, ein Spiegelbild*" Gottes[11]. Dieses Wissen ergriff den Geist des Menschen und durchdrang seine ganze Person. Adam wusste sich deshalb Gott sehr nahe, er wusste sich von Gott geliebt, er war ihm vertraut. Er lebte in beständiger Tuchfühlung mit diesem Gott, der ihn *„nur ein wenig geringer als Sich selber"* gemacht hatte (vgl. Ps 8,6) und ihn *„als Herrscher über das Werk Seiner Hände eingesetzt, ihm alles zu Füßen gelegt hatte"* (Ps 8,7).

So erkannte der Mensch der Schöpfung, dass es ihm wirklich gut, ja sehr gut ging. Er ruhte vergnügt im Garten Eden, d.h. in der Schöpfung, und war glücklich, ja restlos glücklich. Und er sagte sich: *„Mir fehlt nichts, ich bin überglücklich."* Und ich kann mir gut vorstellen – das ist selbstverständlich nur eine lustige Hypothese von mir, es muss nicht so gewesen sein –, dass er dann nach einem guten Verzehr der Güter der Erde in einen tiefen Schlaf versank, der lange dauerte, weil er völlig sorgenfrei war. Ja, es ging ihm tatsächlich wirklich gut und die Schönheiten der Natur erfreuten ihn zutiefst und doch spürte er nach einer gewissen Zeit plötzlich ein komisches Gefühl. Er war zwar reich, er war der König der Schöpfung, er hatte enorm viel von Gott erhalten und er war ihm deswegen unheimlich dankbar und doch merkte er, dass er einsam war, und konnte aus dem Grund mit einem Mal doch nicht ganz glücklich sein. Er hatte keinesgleichen, mit dem er sich austauschen konnte. Die zahlreichen Lebewesen der gesamten Schöpfung waren zwar schön und nützlich, doch Austauschpartner waren sie nicht. Und das war wohl unbefriedigend. Zum ersten Mal im Leben hatte Adam

---

11 Vgl. Duden: Wort „Abbild"

ein Problem, und das war eben seine Einsamkeit. So ging er zum Schöpfergott, zu dem er ein großes Vertrauen hatte, und sagte ihm, so könne er nicht glücklich sein. Er brauche einen ihm Gleichen! Und ich kann mir gut vorstellen, dass der liebe Gott schmunzelte, als er das hörte, und froh darüber war. Denn für Gott war mit der Erschaffung des Mannes die Schöpfung längst nicht vollendet. Es fehlte nämlich das Tüpfelchen auf dem i. Gott, der selbstverständlich vorhatte, die Frau als gleichwertiges Wesen und als Vollendung der Schöpfung zu erschaffen, wollte offenbar, dass der Mann selber zu der Einsicht gelangte, dass er die Frau brauchte, um zu seinem inneren Gleichgewicht zu gelangen. Das ist die Urerfahrung des Mannes im Hinblick auf die Frau, eine Erfahrung, die sich wie ein roter Faden durch die persönliche Geschichte eines jeden Mannes in jeder Zeit der Geschichte bis zum Jüngsten Tage zieht bzw. ziehen wird. Es gehört zur Einsichtigkeit des Mannes zu erkennen, dass er auf die Frau angewiesen ist, um die Einsamkeit zu beenden, die ihn sonst zermürben und unglücklich machen würde. Der Mann braucht die Frau, um zu sich selbst zu finden. Die Frau ist dem Mann nicht aufgedrängt, sondern auf Bitten des Mannes erschaffen worden. Darum sieht der Mann die Frau voller Dankbarkeit und Freude an, denn sie hat ihn ja aus der Einsamkeit befreit. Er empfindet Liebe zu ihr, fühlt sich geborgen in ihr und spürt zugleich das Bedürfnis, es ihr mit schönen Worten zu sagen: *„Schön bist du, meine Freundin, ja schön; deine Augen blicken wie Tauben hinter deinem Schleier"* (Hl 4,1). *„Du hast mich bezaubert, meine Schwester, Braut, du hast mich bezaubert"* (Hl 4,9). Das sind Worte aus dem Hohelied der Bibel; sie drücken das genau richtige Verhalten eines jeden Mannes aus, der seine Frau als Gottes Geschenk wahrnimmt. Das alles gehört zur Schöpfungsordnung! Zur Natur der Mann-Frau-Beziehung gehört also offenbar, dass der Mann der Frau Schönes sagt, dass er ihr Dankbarkeit zeigt, und zwar in einer Form, die der Frau gefällt.

So war es am Anfang in der Schöpfungsordnung und so sollte es auch heute sein. Damals, in der Zeit nach der Schöpfung bis zum Sündenfall, musste sich der Mensch nicht anstrengen, um nach dieser wunderbaren Ordnung zu leben, heute hingegen muss man sich zumindest gelegentlich etwas anstrengen. Denn die Erbsünde, auf die wir noch ausführlich zu sprechen kommen werden, hat die menschliche Natur durcheinander gebracht, und es ist seitdem nichts mehr so, wie es am Anfang war. Weil die Gesetzlichkeit der Beziehung zwischen Mann und Frau in der Schöpfungsordnung aber zur menschlichen Natur gehört, so bleibt sie auch nach der Erbsünde unverändert bestehen. Dass sie einzuhalten heute nicht immer leicht ist, tut dem keinen Abbruch. Und darum ist es sicher nicht verkehrt, sich einige Merkmale dieser Beziehung, wie sie am Anfang war, vor Augen zu halten. Also fragen wir uns: Wie war die Beziehung unserer Stammeltern zueinander in der Zeit zwischen ihrer Erschaffung und der Erbsünde?

Der Mann war von der Frau begeistert, sie hatte ihn ja von seiner Einsamkeit befreit. Er zeigte ihr seine Dankbarkeit und sagte ihr Schönes. Und so erkennen wir, dass soetwas offenbar zur Grundordnung der Beziehung zwischen Mann und Frau gehört, d.h. Gott will es so. Darum kann man sagen, wer sich auch heute darum bemüht, nach dieser Ordnung des Anfangs seine Ehe zu gestalten, folgt Gott, kommt ihm näher, heiligt sich. Der Mann, der seiner Frau Schönes sagt, tut nicht nur etwas Gutes, Harmonisches und sogar Romantisches, er erfüllt den Willen Gottes! Und doch gibt es in unseren Breiten leider viele Männer, die allzu sparsam in ihren Liebesäußerungen gegenüber ihrer Frau sind! Die Nüchternheit in der Mitteilung von Gefühlen ist eine verbreitete Männerkrankheit, die unbedingt behandelt werden muss. Die beste Kur dafür ist es übrigens, dass zunächst einmal die eigene Frau ihrem Mann geduldig und liebevoll beibringt, wie Frauen geliebt sein wollen. Eine weitere, auf alle Fälle heilsame Therapie ist das vertrauensvolle Gespräch mit einem in den Belangen der ehelichen Liebe gut bewanderten Priester des eigenen Vertrauens bzw. mit einem kundigen Freund oder einer Freundin. Um es zusammenfassend auf den Punkt zu bringen: Wer feinfühlig mit der Frau umgeht, der gefällt Gott.

Nun kehren wir zu unseren Überlegungen über die Beschaffenheit des Menschen der Schöpfung zurück. Wie aus dem oben bereits Gesagten hervorgeht, wurde zunächst nur der Mann erschaffen, die Frau erst später. Gott sprach: *„Es ist nicht gut, dass der Mensch allein bleibt. Ich will ihm eine Hilfe machen, die ihm entspricht"* (Gen 2,18). Wie Gott das zustande brachte, schildert die Genesis anhand eines Bildes: Gott habe einen tiefen Schlaf über den Mann fallen lassen, ihm während des Schlafs eine Rippe genommen, diese dann mit Fleisch umschlossen und so sei die Frau entstanden. Das ist natürlich nur ein Bild. Bilder sind schön, doch es kommt dabei nicht auf das Äußere bzw. auf die Formulierung, sondern auf das an, was dem verwendeten Bild zugrunde liegt. Und – was liegt dem Bild der Entnahme der Rippe zugrunde? Das ist nicht schwer zu beantworten: Die Entnahme der Rippe aus dem Körper des Mannes und deren Einpflanzung in den gerade dadurch entstandenen Körper der Frau weisen augenfällig einerseits auf die Einheit der Natur beider Geschlechter hin wie auch andererseits auf die Verschiedenheit in der Ausprägung der Geschlechter. Beide sind Menschen, doch der Mann ist keine Frau und die Frau kein Mann.

Als der Mann aus dem Schlaf erwachte und die Frau vor sich sah, war er, wie oben bereits geschildert, entzückt, er machte die Augen auf und war von ihrer Schönheit wie berauscht. Er begriff auf Anhieb: Das ist es, was ich brauche, um zu meinem Gleichgewicht zu finden. Das ist die Hilfe, um die ich Gott gebeten habe. Gott hat mir die Frau geschenkt. Wie dankbar bin ich ihm! Denn jetzt endlich geht es mir rundherum gut. Ich fühle mich geborgen, sicher, begleitet ... Wie schön ist es, nicht mehr allein auf der Welt zu sein! Der Mann sah die Frau also voller Liebe an und wollte nicht aufhören, sie anzuschauen. So bezaubert war er von ihr. Und dann sprach er aus der Tiefe seiner Seele: *„Das ist nun endlich Bein von meinem Bein und Fleisch von meinem Fleisch"* (Gen 2,23). Das war übrigens das erste Kompliment eines Mannes an eine Frau. Und die Frau, die die leuchtenden Augen des Mannes auf sich gerichtet sah, merkte, dass sie von ihm geliebt war, sie merkte, dass er sich über sie freute, dass sie sein Herz erobert hatte. Die Frau fühlte sich dann richtig angenommen, sie fühlte sich geliebt und liebte mit der ganzen Kraft ihrer Weiblichkeit den Mann zurück.

In dieser kurzen Beschreibung der Genesis über die Erschaffung der Eva und über die Reaktion des Mannes auf die Frau steckt im Grunde die ganze Gesetzlichkeit der Beziehung zwischen den beiden Geschlechtern, wie der Schöpfergott sie sich vorgestellt hat. Das ist ein so wichtiges Thema für die Aufrechterhaltung der Ehe als eines andauernden Liebesbandes, dass ich nicht umhin komme, es stärker zu beleuchten. Johannes Paul II. hat in der Ursprungsgeschichte der Mann-Frau-Beziehung, wie sie in der Genesis steht, das Hauptgesetz *„entdeckt"*, nach dem das Liebesverhalten von Männern und Frauen sich entsprechend der Ordnung Gottes gestalten lässt. Männer und Frauen sind gleichwertig, das ist keine Frage, doch sie sind auch unterschiedlich und lieben deshalb verschieden. Sie sind zwei verschiedene Ausformungen der einen und einzigen menschlichen Natur. Und das hat seine Folgen. Die Verschiedenheit der Geschlechter reicht selbstverständlich in den Bereich der Liebe hinein, ja gerade im Bereich der Liebe wird die Verschiedenheit der Geschlechter am stärksten, denn nichts gibt es im Menschen, ob Mann oder Frau, was wichtiger, tiefer und zugleich inniger ist als die Liebe. Männer und Frauen lieben also anders, empfinden die Liebe anders, verlangen anders nach Liebe.

Das ist etwas ganz Wunderschönes und zugleich Tragendes für ein wirklich beglückendes Eheleben. Johannes Paul II. brachte es auf den Punkt, als er einmal sinngemäß sagte: *„Der Mann liebt, um geliebt zu werden, die Frau will geliebt werden, um zu lieben."* Das ist das Hauptgesetz des Austauschs von Liebe zwischen Mann und Frau. Lasst uns dieses Gesetz der Liebe zwischen den Geschlechtern nun etwas ausführlicher betrachten. Wir beginnen mit dem Part der Frau, und zwar aus einer rein sachlichen Überlegung heraus, nämlich der, dass die Liebe der Frau anvertraut wurde[12]. Schon allein diese Feststellung ist wertvoll. In der Liebe ist die Frau auf alle Fälle sozusagen *„vorne"*. *„Die Frau will geliebt werden, um zu lieben."* Die Frau hat ein großes Liebesbedürfnis, nicht etwa, weil sie Liebe egoistisch genießen wollte, sondern weil sie Liebe schenken möchte. Ihr großes Liebesbedürfnis trägt die Frau wie einen Schatz in den tiefsten Sphären ihres Daseins verborgen. Und es ist die Aufgabe des Mannes, diesen Schatz zu entdecken. Das starke Liebesbedürfnis der Frau zu aktivieren: Das ist der Part des Mannes in der Frau-Mann-Beziehung. Denn – und das sollten die Männer stets bedenken – die Frau kann nur lieben, wenn sie sich geliebt weiß. Wie oft klagen Frauen zurecht, ihre Männer merkten es nicht, dass sie lieben möchten. Ja, so ist es: Frauen möchten lieben, das ist die Aufgabe, die Gott ihnen anvertraut hat. Nur – um zu lieben, ich wiederhole es, muss die Frau sich zuvor als geliebt erfahren. Nichts beglückt eine Frau mehr, als sich hingeben zu können. Denn die Berufung der Frau ist, wie Johannes Paul II. einmal sagte, *„Liebe schenken"* (Ansprache 16.01.2004). Doch um zu lieben, muss die Frau vorher die Gewissheit haben, dass der Mann Freude an ihr hat, dass sie von ihm geliebt wird. Hat die Frau diese Gewissheit erlangt, dann ist

---

12 Vgl. Johannes Paul II.: Apostolisches Schreiben „Mulieris dignitatem", 15.08.1988, 30

sie zu allem bereit, sie gibt sich großzügig und schrankenlos hin, sie gibt sich mit Haut und Haar, und zwar gerne. Am Fuße des Kreuzes Jesu standen vorwiegend Frauen. Die Männer, bis auf Johannes, hatten Angst und blieben in Jerusalem zurück. Die Frau hat eine angeborene Disposition zur Treue, die Frau lässt die Liebe wegen auftretender Schwierigkeiten nicht im Stich. Voraussetzung dafür ist aber, ich wiederhole es noch einmal, dass sie sich geliebt weiß. Das ist der Schlüssel, der bei der Frau alle Türen aufschließt. Darum sind die Männer gut beraten, wenn sie ihren Frauen Liebe und Zuneigung zeigen, ohne den Eindruck zu vermitteln, sie wollten etwas bei ihnen erreichen. Denn dann sperrt sich die Frau! Die Frau will um ihrer selbst willen geliebt und nicht als Objekt behandelt werden! So hat es der Schöpfergott verfügt. Und folglich kann die Beziehung zwischen Mann und Frau nur dann wirklich glücken, wenn es für den Mann in seiner Beziehung zur Frau nichts Wichtigeres gibt, als ihr seine Liebe zu zeigen. Das soll er mit Wort und Tat tun. Es genügt nicht, Liebe zu der Frau zu empfinden. Er muss es ihr auch sagen. Männer sollen ihre Frauen so lieben, wie es ihrer Art entspricht.

Wenn der Mann die Frau so liebt und die Frau sich vom Mann geliebt fühlt, dann liebt die Frau den Mann zurück mit der ganzen Kraft ihrer Weiblichkeit. Und dann ist es wirklich wunderschön in der Liebe. Dann kommt zustande, was Gott auch will, nämlich, dass Mann und Frau ihre Beziehung so gestalten, dass sie sie genießen, nicht egoistisch, sondern im Gegenteil völlig selbstlos. Denn darum hat Gott ja den Menschen erschaffen, dass er Glück erfährt. Und wenn der Schöpfergott Mann und Frau zur tiefsten Einheit berufen hat: *„Sie sollen ein Fleisch werden"*, hat er gesagt (vgl. Gen 2,24), dann sollen sie in der Beziehung miteinander selbstverständlich großes Glück erfahren. Dass Gott es so möchte, davon ist in der Heiligen Schrift die Rede, z.B. wenn es im Buch Kohelet wörtlich heißt: *„Mit einer Frau, die du liebst, genieß das*

Leben alle Tage deines Lebens" (Kohelet 9,7-9). Und weil es von Gott her offenbar so gewünscht ist, sollten die Frauen in ihrer Liebespraxis dem Mann gegenüber nicht sparsam sein. Das würde der Berufung der Frau von Grund auf widersprechen. Denn, ich wiederhole es, die Berufung der Frau ist es, zu lieben. Das weiß die Frau gut, ja sie empfindet es zutiefst. Sie weiß, dass sie mit ihrer Liebe den Mann beglückt. Dieses Wissen erfüllt sie bis in die tiefsten Wurzeln ihrer Weiblichkeit. Die Frau erkennt intuitiv, dass der Mann liebt, um geliebt zu werden, und dass sie allein in der Lage ist, dieses Bedürfnis des Mannes nach Liebe zu stillen.

Das alles hört sich wunderbar an, und es ist auch in der Tat wunderbar. Die Gesetzlichkeit der Frau-Mann-Beziehung, wie sie sich in der Schöpfungsordnung zeigt, gilt jedoch nicht nur der Ehe. Sie gilt der Struktur der Schöpfung im Allgemeinen. Denn Männer und Frauen sind als verschiedene Ausprägungen des Menschseins erschaffen, nicht nur damit sie in tiefster Liebe zueinander evt. Kinder zeugen, empfangen und erziehen, sondern auch damit der „*Genius*", d.h. die Eigenheit des eigenen Geschlechtes, die Schöpfung bereichere (vgl. Gen 2,15). Mit anderen Worten: Eine gesunde Welt, wie sie aus den Händen des Schöpfergottes hervorgegangen ist, braucht Männer und Frauen nicht nur, damit der Bestand der Bevölkerung der Erde garantiert ist, sondern auch damit die Welt sich harmonisch vervollkommne. Darum dürfen sich Menschen, die nicht in der Ehe leben, auf gar keinen Fall minderwertig fühlen. Männer und Frauen haben bei gleichwertiger Würde ein verschiedenes Kostüm von Eigenschaften und spezifischen Qualitäten, die sie völlig unabhängig davon, ob sie verheiratet sind oder nicht, zugunsten ihrer Umgebung einbringen können und sollen. So kann z.B. eine Frau „*auch ohne eigene Familie durchaus ihre spezifische Aufgabe erfüllen, indem sie ihre fraulichen Fähigkeiten und speziell ihre mütterliche Sorge an anderer Stelle, etwa in anderen Familien, in der Schule, in der Fürsorge oder bei Tausenden sonstigen Gelegenheiten einsetzt*"[13]. Mit anderen Worten: Auch die unverheiratete Frau, egal aus welchem Grund sie unverheiratet ist, etwa weil sie sich Gott in Jungfräulichkeit hingegeben hat oder weil sie unverheiratet blieb bzw. alleinerziehend ist oder von ihrem Mann verlassen wurde oder aus anderen Gründen, jede Frau „*ist dazu berufen, in die Gesellschaft und die Kirche etwas hineinzutragen, was nur ihr eigen ist und was nur sie zu geben vermag: feinfühlige Umsicht, unermüdliche Großzügigkeit, Liebe für das Konkrete, Scharfsinn, Einfühlungsvermögen, Ausdauer und eine tiefe, schlichte Frömmigkeit*"[14]. Mit einem Wort: Die Frau-Mann-Beziehung, wie sie in der Schöpfungsordnung erscheint, betrifft zwar selbstverständlich die Ehe, doch sie meint im Allgemeinen den Einsatz beider Geschlechter für das Zustandekommen einer nach der Vorstellung Gottes gut funktionierenden Gemeinschaft: der familiären Gemeinschaft wie auch der gesellschaftlichen und der kirchlichen.

Kehren wir nun zum Anfang unserer Überlegungen zurück. Wir haben uns gefragt, wie das Leben des Menschen der Schöpfung war. Mit anderen Worten: Was machte der Mensch nach seiner Erschaffung bis zu dem traurigen Tag, als er die Sünde beging?

Wir wissen nicht, wie lange der Mensch nach seiner Erschaffung im Zustand der ursprünglichen Gerechtigkeit gelebt hat, d.h. wie lange es gedauert hat, bis die dunkle Stunde des Sündenfalls in die Geschichte der Menschheit wie eine Bombe einschlug. Wir wissen es nicht, doch mir scheint, dass diese Zeit nicht ganz kurz gewesen ist, denn sowohl der Mensch wie auch die ganze Schöpfung sind Werke Gottes, und es geziemt sich nicht, von den Werken des allmächtigen Gottes anzunehmen, dass sie flüchtige

---

13 Josefmaria Escrivá: Gespräche, 106
14 Ebd., 87

Erscheinungen sind, die kaum entstanden, schon gleich vergangen sind. Zu denken, dass der Sündenfall gleich nach der Erschaffung des Menschen stattgefunden hat, scheint mir deswegen eigentlich unlogisch zu sein. Es darf vielmehr, so denke ich, angenommen werden, dass nach der Schöpfung eine ganze Zeit verstrichen ist, in der die Vorstellung Gottes vom Menschen voll zum Durchbruch kam. Es muss eine wunderschöne Zeit gewesen sein, sowohl für Gott, der sich wie ein guter Vater über das Wohl seiner Kinder wahnsinnig freut, wie auch für die Stammeltern selber, die völlig unerwartet in den Genuss eines voll erfüllenden Lebens sowohl in übernatürlicher wie auch in menschlicher Hinsicht gekommen waren. Diese Überlegung lässt unsere Frage umso spannender werden: *„Wie lebte der Mensch in der Zeit zwischen seiner Erschaffung und dem* Sündenfall?"

Um eine vollständige Antwort auf diese Frage zu geben, müssen wir etwas ganz Verwegenes tun: Wir müssen uns in das Innere unserer Stammeltern versetzen und versuchen, von ihrem Inneren her die Eindrücke und Erlebnisse nachzuempfinden, die sie bei ihrem Erwachen zum Leben tatsächlich empfunden haben. Was tat sich vor ihnen auf, als sie auf einmal merkten, dass sie lebten?

Das Erste, was sie erfuhren, war, dass sie in einer tiefen Verbindung mit Gott standen, sie begriffen, dass sie von ihm herkamen, dass sie Abbild Gottes waren. Und sie empfanden spontan eine natürliche Zuneigung zu diesem Gott, von dem sie alles erhalten hatten. Sie lebten daher in einem vertrauten Verhältnis zu Gott, sie erlebten ihn in allem, was sie taten. Sie verspürten die Nähe Gottes, sie wussten und fühlten sich Gott zugehörig. Sie lebten in dem Bewusstsein, dass Gott ihnen aus seiner überfließenden Liebe heraus das Leben geschenkt hatte, damit sie am unermesslichen Glück, das ihn seit aller Ewigkeit beseelte und ganz erfüllte, Anteil haben könnten.

Da stellt sich die Frage: Wie ging dies konkret vor sich? Heißt das, dass der Mensch der Schöpfung, d.h. der Mensch in der Zeit zwischen seiner Erschaffung und der Erbsünde, den ganzen Tag nur an Gott dachte und stets in Jubel- und Loblieder aus Dankbarkeit zu Gott ausbrach? Nein! So war es nicht. Denn nachdem die Schöpfung zustande gekommen war, gab es mehr als nur Gott, es gab auch Geschöpfe. Und der Schöpfergott wollte offenbar, dass der Mensch sich sowohl mit ihm als auch mit den Geschöpfen und mit der Schöpfung überhaupt befasste (vgl. Gen 1,28; Gen 2,18). Nur: Dies sollte in der Form geschehen, dass der Mensch, wenn er sich mit den Geschöpfen beschäftigte, die liebende Verbindung mit Gott nicht verlor. Unsere Stammeltern lebten sozusagen im Ambiente Gottes. Das Bewusstsein ihrer Zugehörigkeit zu Gott wie auch die herzliche Zuneigung und Dankbarkeit ihm gegenüber begleiteten sie auf Schritt und Tritt, ohne dass dadurch ihr materielles Tun und Lassen an Intensität verlor. Der Mensch der Schöpfung vermochte problemlos, das Menschliche im Bewusstsein seiner geistigen und persönlichen Nähe zu Gott zu verrichten, ja, zu erleben. Diese Feststellung ist so wichtig, dass ich nicht umhin kann, sie etwas zu vertiefen. Um deren Bedeutung zu erfassen, muss man zunächst einmal bedenken, dass es bis zur Schöpfung *gar keine Materie gab*. Bis zur Schöpfung gab es nur Gott, und Gott ist ungeschaffener Geist. Erst mit der Erschaffung des Menschen und der vor ihm seinetwegen entstandenen Schöpfung[15] erschien die Materie. Denn der Mensch war – im Gegensatz zu den Engeln – kein reiner Geist, sondern ein geistig-*materielles* Wesen. Der Mensch stellt daher ein Novum dar. Er ist Materie und er ist Geist. So etwas hatte es noch nie gegeben.

---

15 Der Mensch ist das einzige Geschöpf, das Gott um seiner selbst willen erschaffen hat (vgl. GS, 24,3).

„Lasst uns Menschen machen als unser Abbild, uns ähnlich"
(Gen 1,26), hatte Gott gesagt. Und so entstand der Mensch. Der
Schöpfergott hatte aber nicht gesagt: *„Lasst uns Menschen machen,
deren Seele ein Abbild von uns sein soll, uns ähnlich."* Nein, nicht
nur die Seele, sondern der ganze Mensch ist gottähnlich erschaffen
worden. Der ganze Mensch! Nicht nur sein Geist. Und das ist
das absolut Neue, das die Schöpfung mit sich brachte, nämlich,
dass der gesamte Mensch – Körper und Geist zugleich – in einer
Beziehung der Ähnlichkeit mit Gott steht. Was bedeutet das? Es
bedeutet, dass das Materielle und das Leibliche im Menschen
das Göttliche widerspiegeln können. Anders ausgedrückt: Das
Materielle lässt das Göttliche durchschimmern. Vielleicht könnte ich es folgendermaßen erklären: So wie ein Schwamm, den
eine Flüssigkeit durchdringt in eine tiefe Verbindung mit dieser
gelangt, ohne dass weder der Schwamm noch die Flüssigkeit aufhören müssten, Schwamm bzw. Flüssigkeit zu sein, so ungefähr
ist es mit Gott und mit dem Materiellen, mit dem Irdischen, ja
mit dem Körperlichen. Anders ausgedrückt: Das Göttliche geht in
das Materielle über und passt sich den rein materiellen Konturen
an. Das mag beim ersten Zuhören schwer zu verstehen sein. Und
doch ist es im Grunde an sich ganz einfach. Eine Überlegung
möge uns auf die Sprünge helfen: Gott ist die Liebe schlechthin.
Diese Liebe ist eine rein geistige Liebe, denn Gott ist ja reiner
Geist. Beim Menschen ist es anders. Weil er kein reiner Geist ist,
ist seine Liebe nicht nur geistig, sondern auch leiblich. Weil er aber
als Person – Leib wie Seele – Gott ähnlich ist, so ist auch seine
leibliche Liebe der Liebe, mit der Gott liebt, zweifellos ähnlich.
Der Geist Gottes beseelt das Materielle im Menschen, wie die
Flüssigkeit den Schwamm benetzt. Und so kommt es, dass der
Mensch auch dann Gott ähnlich ist, wenn er rein Menschliches
erlebt, z.B. wenn er im Umgang mit dem Irdischen Freude, Glück
und Genuss erfährt. Denn Gott hat den Menschen ja erschaffen

– ich wiederhole mich absichtlich –, damit er – die ganze Person nämlich: Leib wie Seele! – an seinem Glück und an seinem Wohlsein Anteil hat. Dieser ist zwar ursprünglich geistig, doch er durchzieht das Materielle wie die Flüssigkeit den Schwamm. Darum kann man ohne Umschweife sagen: Gott selber nimmt an den irdischen Freuden des Menschen teil. Wir Christen dürfen also nicht allzu spiritualistisch sein, als wäre die Materie etwas Niedriges. Man darf nicht aus den Augen verlieren, dass Gott den Menschen nicht erschaffen hat, damit er ausschließlich geistig lebt, sondern ganz menschlich soll er leben, das Glück und das Wohlergehen darf und soll er auch erleben und genießen dürfen, allerdings in Dankbarkeit gegenüber Gott, der in seiner Liebe zu dem Menschen so weit gekommen ist, dass er auf der Schiene seiner Ähnlichkeit mit ihm eine Art „*Erlebnisgemeinschaft*" eingerichtet hat. Es gibt ein Wort des hl. Paulus im Kolosserbrief, das hierzu bestätigend und erklärend wirkt, auch wenn es sich nicht direkt auf den Zustand des ersten Menschen bezieht, sondern auf Jesus Christus, der der Mensch schlechthin ist[16]. Paulus sagt: „*In Jesus Christus wohnt die ganze Fülle der Gottheit ‚corporaliter', d.h. dem Leibe nach*" (Kol 2,9 Vg). Das ist also das Neue der Schöpfung, das unsere Stammeltern erleben durften, bis die Sünde alles durcheinander brachte, dass das Menschliche das Göttliche zum Vorschein brachte. Geist und Materie sind zwar zweierlei, das Materielle kann dennoch das Göttliche durchschimmern lassen.

Wenn wir also sagen, der Mensch der Schöpfung lebte stets im Kontakt mit Gott, so heißt das keineswegs, dass er immer ausschließlich auf Gott fokussiert war, sondern dass er auch bei der Verrichtung aller möglichen irdischen Tätigkeiten wie auch beim Erleben von Schönem und Genussvollem, sich stets in

---

16 „Christus macht … dem Menschen den Menschen selbst voll kund und erschließt ihm seine höchste Berufung" (GS, 22,1).

inniger Verbindung mit Gott wusste, ohne dass dieses Wissen seine Widmung an das, was er tat, im Geringsten einschränkte.

Damit nicht genug! Der Mensch der Schöpfung wusste außerdem, dass er unsterblich war. Er wusste, dass der Reichtum, in dem er lebte, das Wohlsein und das Glück, die ihn umfingen und stets begleiteten, nicht zeitlich limitiert waren. Gott liebt das Endgültige, und das wusste der Mensch der Schöpfung gut. Und – wieso war der Mensch der Schöpfung unsterblich? Die Antwort liegt auf der Hand: weil er Gott ähnlich war, der selbstverständlich unsterblich ist. Der Mensch war unsterblich, weil er an der Gottheit Anteil hatte. Darum fühlte sich der Mensch der Schöpfung in seinem Zustand glücklich und erfüllt. Er war mit Gott vertraut, wusste sich bei ihm zu Hause.

Um es auf den Punkt zu bringen: Dem Menschen des Anfangs ging es in jeder Hinsicht rundherum bestens, zumal Gott ihn – wie oben bereits kurz erwähnt – an zwei äußerst wichtigen, typisch göttlichen Aufgaben beteiligt hatte, nämlich an der Entwicklung der Schöpfung: *„Gott setzte den Menschen in den Garten von Eden, damit er ihn bebaue und hüte"* (Gen 2,15) wie auch an der Weitergabe des Lebens: *„Gott segnete Mann und Frau und sprach zu ihnen: Seid fruchtbar und vermehrt euch, bevölkert die Erde"* (Gen 1,28). Das Wissen um diese zwei Hauptaufgaben, die augenfällig göttliche Aufgaben sind, ließ das Selbstwertgefühl des Menschen der Schöpfung beträchtlich steigen und stärkte ihn in der Einsicht, dass Gott ihn tatsächlich an seinem Tun beteiligte. Er erfuhr sich als ein Mitarbeiter Gottes!

Das war im Großen und Ganzen der Zustand des Menschen, wie dieser aus den Händen Gottes hervorgegangen ist. Ein Juwel! Ein Prachtstück! Ein Abbild Gottes! Es gehört zu den größten Rätseln der Menschheit, wie so etwas Wunderbares, Großartiges und wirklich Einmaliges verloren gehen konnte. Es ist aber so gewesen. Wie das geschah, werden wir demnächst erörtern. Lasst uns aber nicht traurig werden, denn dieser Gott, der durch den Abfall des Menschen, wenn ich so sagen darf, in tiefste Betrübnis fiel, hat uns versprochen, das Verlorengegangene wiederherzustellen, so dass wir einmal, allerdings erst nach dem Jüngsten Tag, in den Zustand wieder eingesetzt werden sollen, den unsere Stammeltern bei ihrer Erschaffung durch Gott erhalten haben. Und das sind – wer würde daran zweifeln? – gute Perspektiven.

Kapitel III.

Wie veränderte sich der Mensch durch die Erbsünde?

Die Frage, wie der Mensch beschaffen war, als er vom Schöpfergott ins Dasein gesetzt wurde, ist für uns, wie wir inzwischen gut wissen, eminent wichtig, denn – ich wiederhole – so wie der Mensch bei seiner Erschaffung war, so wird er einmal wieder sein, wenn er als erlöster Mensch nach der Auferstehung der Toten am Jüngsten Tag in dem neuen Himmel und auf der neuen Erde (vgl. Offb 21,1) sein Leben auf ewig fortführen wird. Denn die Erlösung des Menschen durch Jesus Christus besteht ja letztlich in der Wiederherstellung der Ordnung des Anfangs, jener Ordnung, die aus der überschwänglichen Liebe Gottes zum Menschen bei dessen Erschaffung hervorgegangen war.

Selbst auf die Gefahr hin, Einiges zu wiederholen, möchte ich doch nun die Grundpfeiler der Beschaffenheit des Menschen der Schöpfung sozusagen auf einen Blick erfassen. Wir fragen uns: Welche waren diese Grundpfeiler? Ich fasse sie zusammen:

1. Der Mensch wurde im Zustand der Ähnlichkeit mit Gott erschaffen und in diesem Zustand lebte er, bis die Erbsünde begangen wurde. *„Lasst uns Menschen machen, uns ähnlich"* (Gen 1,26), hatte der Schöpfergott gesagt, und so wurde es. Der Mensch war *„fast wie Gott"*, wie die Heilige Schrift im Psalm 8 wörtlich sagt (Ps 8,6 Vg). Folglich lebte der Mensch in einem Zustand der vollen Vertrautheit mit Gott. Er wusste sich ihm zugehörig, wusste sich von ihm geliebt und hatte an der Gottheit Anteil. Er war bei Gott zu Hause. Er entdeckte Gottes Spuren in allem, was

er tat oder ließ, in allem, was in ihm oder um ihn herum geschah, in seinen Gedanken, Worten, Empfindungen und Gefühlen. Das Bewusstsein des begleitenden Gottes ermöglichte ihm, sein Menschsein immer mehr und besser zu entwickeln. Seine Religiosität – d.h. seine Beziehung zu Gott – konzentrierte sich nicht nur auf bestimmte Zeiten, wo er sozusagen unter vier Augen bei Gott war, sie erstreckte sich vielmehr auf sein ganzes Leben, denn er vermochte ja, Gott in allem zu entdecken. Weil der Mensch der Schöpfung in einer tiefen, angeborenen Verbindung mit Gott stand, war er mehr als nur ein natürliches Wesen, wie alle anderen Geschöpfe auf Erden es sind. Der Mensch der Schöpfung war auch ein übernatürliches Wesen, denn er war ja Gott ähnlich. In ihm pulsierte stets etwas Göttliches. So wie das Herz den Körper belebt, so belebte ein Funke Gottheit das Innere des Menschen der Schöpfung. Übrigens ist das Wort „*übernatürlich*", das in unseren Ausführungen öfters verwendet wird, ein anderes Wort für „*göttlich*". Also war der Mensch der Schöpfung ein „*natürlich-übernatürliches*" Wesen und nahm darum an beiden Ordnungen teil, an der natürlichen wie auch an der übernatürlichen. Um es auf den Punkt zu bringen: Im Menschen der Schöpfung war ein Funke Gottheit, eine Art „*SIM-Karte*" im Smartphon des Lebens, die den Zugang zu den göttlichen Sphären erschloss. Um zu verstehen, wie dies im Menschen der Schöpfung funktionierte, kann es helfen, einen Blick auf die Person Jesu Christi zu richten, denn Jesus Christus ist die absolut verwirklichte und geglückte Beschaffenheit des Menschen der Schöpfung im höchsten Grad[17]: Jesus war und ist Gott – also ein übernatürliches Wesen – und zugleich ist er auch Mensch, also ein natürliches Wesen. Natur und Übernatur vermengten sich jedoch nicht in ihm, Jesus ist

---

17 Das II. Vatikanische Konzil erinnert daran, dass „Christus dem Menschen den Menschen selbst voll kund macht" (LG, 22,1).

und bleibt Mensch, das Menschliche, das er tut bzw. das in ihm geschieht, ist durchaus menschlich, doch es wird vom Geist seiner Gottheit begleitet, bereichert und getragen. Das Übernatürliche, d.h. das Göttliche in Jesus, zieht sich durch das Natürliche hindurch und das Flair des Übernatürlichen bleibt am Natürlichen haften. Das ist nur ein Vergleich, doch er kann helfen zu verstehen, wie etwas Natürliches, ohne aufzuhören, natürlich zu sein, vom Übernatürlichen mitgetragen werden kann. Wie dem auch sei, eines ist klar: Der Mensch der Schöpfung war ein natürlich-übernatürliches Wesen. Ihm stand sowohl der Zugang zu den natürlichen wie auch zu den übernatürlichen Vorgängen offen. Und das war so von Anfang an, d.h. seit seiner Erschaffung. Anders formuliert: Der Mensch der Schöpfung lebte mit Gott zusammen, und zwar, wie oben bereits erläutert, in einem Klima der absoluten Vertrautheit, in einem gemeinsamen Zuhause, denn der Mensch gehörte ja zum Zuhause Gottes, er war in die Familie Gottes aufgenommen. Das Zusammengehen des Übernatürlichen mit dem Natürlichen bzw. das Durchdrungensein des Natürlichen vom Göttlichen gehört zu den Wesensmerkmalen des Menschen der Schöpfung. Dass dies durchaus möglich ist, hat Jesus Christus unter Beweis gestellt, denn er war (ist) wahrer Gott und wahrer Mensch zugleich. Wegen der Ähnlichkeit mit Gott, in der der Mensch erschaffen worden war, durfte der Mensch der Schöpfung ähnlich leben, wie Jesus Christus es später getan hat.

2. Ein zweiter Grundpfeiler der Beschaffenheit des Menschen der Schöpfung war, dass die natürliche und die übernatürliche Dimension, die in ihm fest verankert waren, keine parallel laufenden Dimensionen waren, so dass der Mensch einmal übernatürlich, dann wieder natürlich handeln würde, nein, sie waren vielmehr derart harmonisch miteinander verwoben, dass das Übernatürliche durch das Natürliche durchfloss und dieses das Göttliche durchschimmern ließ. Und so kam der Mensch in die

glückliche Lage, Gott, der ja in ihm war, in allem zu spüren, was er tat und erlebte, auch selbstverständlich in den rein irdischen Angelegenheiten des Lebens[18]. Das Irdische im Menschen wurde sozusagen zu einem Begegnungsort Gottes mit dem Menschen wie auch zu einem Schaufenster des Göttlichen, das im Menschen leiblich war und wirkte.

Man beachte in diesem Zusammenhang, dass es bis zur Erschaffung des Menschen überhaupt keine Materie gab. Das *„Gesicht des rein geistigen Gottes"* war bis zur Erschaffung des Menschen logischerweise völlig unsichtbar. Den Geist sieht man ja nicht. Mit der Erschaffung des Menschen wird es mit einem Mal anders. Nun ist eine außertrinitarische Welt da, die Schöpfung nämlich. Der rein geistige Gott bedient sich nun der Körperlichkeit und der Materialität des Menschen, um sich und seine Werte, die ja rein geistig sind, in der außertrinitarischen Welt zu zeigen. So werden die Leiblichkeit des Menschen wie auch sein irdisches Tun zum Verkünder der Gottheit. Die Lebenszüge des Menschen der Schöpfung äußerten auf leibliche Weise die geistigen Eigenschaften Gottes. Das war möglich dank des Ähnlichkeitsverhältnisses, in dem der Mensch zu Gott stand. Und so gelangen wir zu einer weiteren wichtigen Erkenntnis, nämlich, dass das Menschliche sozusagen eine Plattform ist, auf der das Göttliche sich in menschlichen Rastern zeigt. Wie auch, dass der Mensch offenbar die Berufung bekommen hat, das Offenbarwerden des Göttlichen durch das Menschliche zu ermöglichen. Das heißt konkret: Durch sein Menschsein, d.h. z.B. durch sein Auftreten, durch sein Wort, durch sein Verhalten, durch seine Empfindungen, zeigte der Mensch *leiblich*, was in Gott rein *geistig* ist. Fazit: Gott nach außen zu zeigen, war für den Menschen der Schöpfung offenbar konstitutiv, d.h. es gehörte zu seinem Wesen. Der

---

18 „Gott ist alles in allem", sagt der hl. Paulus (1 Kor 15,28).

Mensch, ein natürlich-übernatürliches Wesen, ist offenbar dazu da, den rein geistigen Gott der irdischen Welt zu zeigen. Man kann das vielleicht auch so ausdrücken: Der Mensch ist so etwas wie eine Bühne, auf der Gott sich durch ihn der Welt zeigt. Und so erkennen wir quasi nebenbei, dass das, was wir heute Apostolat bzw. Mission oder Evangelisierung nennen, mehr ist als nur ein lobenswertes Engagement mancher Christen im Sinne der Verkündigung, es ist ein von der Schöpfung her eingebauter Bestandteil des Menschen überhaupt. Um es auf den Punkt zu bringen: Als materiellem Wesen war dem Menschen im Plan der Schöpfung die Aufgabe zugeteilt, Gott in der materiellen Welt zu verkünden, ihn durch das eigene Verhalten bekannt zu machen. Vor diesem Hintergrund verstehen wir, dass der Mensch in einer tiefen seinsmäßigen Verbindung mit Gott stehen muss, denn sonst kann er ihn gar nicht zeigen. *„Was einer nicht hat, das kann er auch nicht geben."*

3. Ein weiteres Grundmerkmal des Menschen der Schöpfung war, dass er als unsterbliches Wesen erschaffen war. Die Unsterblichkeit des *„Menschen der Schöpfung"* ist eine zwangsläufige Folge davon, dass er gottähnlich war. Wir, Menschen unserer Zeit, denken zu wenig darüber nach, doch es war tatsächlich so. Gott hat den Menschen nicht erschaffen, damit er leidet und stirbt, sondern damit er ein glückliches Leben führt, ohne Leiden, ohne Schmerz, ohne Tod. Das Leiden und das leibliche Sterben des Menschen, wie wir beides aus unserer Erfahrungswelt kennen, waren bei der Erschaffung des Menschen nicht vorprogrammiert. Wäre die Erbsünde nicht begangen worden, dann hätten wir uns das Leiden und den Tod erspart.

4. Ferner war es beim Menschen der Schöpfung so, dass seine Beziehungen zum Mitmenschen vom Geist jener Liebe geprägt waren, die in der Dreifaltigkeit im Umgang der drei göttlichen Personen miteinander herrscht, denn gerade an dieser Liebe hatte

der Schöpfergott dem Menschen ja Anteil gegeben. Also liebte der Mensch der Schöpfung in der Weise, wie Gott liebt. Aber halt! Der Mensch der Schöpfung – das waren einzig und allein unsere Stammeltern! Ja, in der Tat, so ist es eben. Das bedeutet, dass die Liebe des Menschen der Schöpfung sich außer der Liebe zu Gott eigentlich nur auf die Liebe zum Ehepartner konzentriert hat, denn es gab damals nur diese zwei Menschen, unsere Stammeltern, und sie lebten ja in der Ehe (vgl. Gen 2,24). Vielleicht war das ein Wink Gottes, damit der Mensch begreift, dass die Ehe ein bevorzugter Ort für das Erleben der wunderschönen und feinfühligen Liebe ist, mit der Gott in der Dreifaltigkeit liebt. Denn die Liebe der Ehepartner zueinander hatte der Schöpfergott ja als leiblichen Abglanz der Liebe vorgesehen, mit der Gott Vater seinen Sohn liebt und Liebe von diesem erfährt. Anders ausgedrückt: Die Liebe von Mann und Frau sollte in leiblicher Form die Beschaffenheit der Liebe im Kreise der Dreifaltigkeit nach außen zeigen. Was für eine große Würde hat also die Ehe! Und so wie es in der Dreifaltigkeit ist, dass die Liebe Vater und Sohn im Tiefsten vereint und beglückt, so sollte es auch in der Ehe sein. Und man kann davon ausgehen, dass unsere Stammeltern ihre Ehe so erlebt haben, dass sie im Umgang miteinander zum höchsten Liebesglück kamen. und zwar in sämtlichen Dimensionen der Person, von der geistigen Einheit mit dem Partner bis hin zur sexuellen Befriedigung, die niemals isoliert war, sondern stets als körperlicher Ausdruck der Liebe zueinander empfunden und erlebt wurde. Dass Adam und Eva als Menschen der Schöpfung kein Kind gehabt haben, kann übrigens als Hinweis Gottes gedeutet werden, dass die eheliche Vereinigung nicht primär dazu da ist, Kinder zu zeugen, sondern, dass man einander mit Haut und Haar liebt und Gott die Fruchtbarkeit überlässt. Wer dies begriffen hat, der hat den Sinn der Ehe von Gott her erfasst. Liebe und Sexualität waren in der Beziehung zwischen Mann und Frau in der Zeit bis zur Erbsünde jedenfalls keine zwei verschiedenen Erlebniswelten, sie gehörten zusammen. Sie gingen sozusagen Hand in Hand. Die Trennung von Sexualität und Liebe stimmt demnach nicht überein mit der Vorstellung des Schöpfergottes. Die Sexualität ist ein leiblicher Ausdruck der Liebe, die ohnehin von Gott her kommt. So sagt der KKK über den ausdrucksstärksten Akt der Sexualität, nämlich über die eheliche Vereinigung von Mann und Frau wörtlich: *„Sie ahmt die Freigebigkeit und Fruchtbarkeit des Schöpfers leiblich nach"* (2335).

5. Der Mensch der Schöpfung durfte gegen Ende des gesamten Schöpfungsvorgangs, wie wir inzwischen schon gut wissen, erfahren, dass der Schöpfergott ihn zum Mitschöpfer vorgesehen hatte. Gott der Herr stellte den Menschen in den Garten Eden – das ist bekanntlich ein Bild für die Erde –, *„damit er ihn bebaue und hüte"* (Gen 2,15). In der lateinischen Übersetzung der Bibel heißt es, vielleicht noch ausdrücklicher, Gott habe den Menschen in den Garten Eden gestellt, *„ut operaretur"* (d.h. *„damit er arbeitet"*). Die Entwicklung der Schöpfung, das ist ja die Verlängerung der Schöpfertätigkeit Gottes durch die Geschichte hindurch, sollte der Mensch zusammen mit Gott übernehmen. Dies hat den Menschen sehr geehrt, und er hat diese Aufgabe mit Freude und mit Verantwortungsbewusstsein übernommen. Der Mensch fühlte sich dadurch von Gott ernst genommen und an seine Schöpfermacht herangezogen. Der Mensch erfuhr sich als Mitarbeiter Gottes, des Schöpfers. Das motivierte ihn und machte ihn logischerweise glücklich.

6. Des Guten nie genug, beauftragte Gott den Menschen auch noch, sich zu vermehren und die Erde zu bevölkern (vgl. Gen 1,28). Das war ein ganz großer Auftrag, eine tief greifende Anteilnahme an der Schöpferkraft Gottes! Man kann sich fragen, warum es so sein sollte? Die Antwort ist wunderschön und erhellend zugleich: Damit der Mensch bei der Weitergabe des Lebens

eine ähnliche Liebes- und Glückserfahrung macht wie Gott selber, als er Adam und Eva schuf. Adam und Eva hatte er aus einer überbordenden Liebe direkt erschaffen und genoss es, dass sie nun vor ihm standen. *„Seid fruchtbar, vermehrt euch, bevölkert die Erde"* (Gen 1,28), hatte der Schöpfergott zu ihnen gesagt. Weil die Weitergabe des Lebens eine Beteiligung des Menschen an der Schöpfertätigkeit Gottes ist, soll sie logischerweise in einer ähnlichen Gesinnung geschehen, wie es bei Gott war, als er unseren Stammeltern das Leben gab. Und – wie war diese Gesinnung? Es war die Gesinnung einer ausufernden Liebe. Und darum soll der Vorgang zur Schaffung eines neuen Menschen auch heute zum einen von Liebe völlig durchdrungen sein, er soll in Liebe und aus Liebe geschehen und den beiden, dem Mann wie der Frau, hohen Genuss bereiten, ähnlich wie Gott die Entstehung der beiden ersten Menschen sicherlich genoss. Zum anderen aber soll die Weitergabe des Lebens aus einer absolut treuen Liebe von zwei Personen zueinander zustande kommen, ähnlich wie es in der Liebesbeziehung zwischen Gott Vater und der Zweiten Person der Dreifaltigkeit der Fall ist. Beide Personen sind derart innig miteinander verbunden, dass eine Trennung voneinander definitiv unmöglich ist. Dieser Liebe entstammt der Mensch. Und darum soll die Weitergabe des Lebens in einer unauflöslichen Frau-Mann-Beziehung geschehen.

„Ihr sollt ein Fleisch werden" (vgl. Gen 2,24), sagte Gott zu Mann und Frau. Damit hat der Schöpfergott die von ihm für die Weitergabe des Lebens vorgesehene verbindliche Form verkündet. Die Weitergabe des Lebens ohne sexuelle Liebesbegegnung von Mann und Frau entspricht nicht der Vorstellung des Schöpfers. Das Kind soll Frucht eines Liebesaktes sein, nicht Folge der Technik, denn die Technik liebt nicht, sie funktioniert nur. Das ist mehr als nur ein sittliches Prinzip, es ist ein Postulat der Schöpfungsordnung.

7. Eine weitere Erkenntnis der Schöpfungsordnung möchte ich hier noch anbringen, nicht zuletzt weil sie für die Gestaltung der Mann-Frau-Beziehung von großer Bedeutung ist, nämlich dass die Schöpfung erst mit der Erschaffung der Frau abgeschlossen war. Die Frau war also offensichtlich die Vollendung der Schöpfung, das Tüpfelchen auf dem i, ja, man kann es auch so sagen: die Krönung der Schöpfung. Mit der Erschaffung der Frau begann die Schöpfung richtig zu atmen und alles nahm Fahrt auf. Als wartete die ganze Schöpfung auf diesen Augenblick, um sich in Bewegung zu setzen. Jedenfalls wird aus der Berichterstattung der Genesis ersichtlich, dass die Frau tatsächlich das zuletzt erschaffene Geschöpf war.

Diese Beobachtung ist wertvoll, wie alles, was in der Heiligen Schrift steht. Sie lässt erkennen, dass der Frau in der gesamten Schöpfung offenbar eine spezifische Stellung zugesprochen wird. Sie zu beachten, ist deswegen eine unabdingbare Voraussetzung für das Gedeihen einer Ordnung nach der Vorstellung Gottes. Dass die Frau das überhaupt zuletzt erschaffene Geschöpf war und dass die ganze Schöpfung sozusagen auf ihr Erscheinen wartete, zeigt, dass der Frau von der Schöpfung her offenbar eine gewisse Vorrangstellung zuteil wurde. Man denke z.B. an das oben bereits besprochene Einsamkeitsgefühl des Mannes vor der Erschaffung der Frau (vgl. Gen 2,18) und daran, wie der Mann erst durch die Frau zu seinem inneren Gleichgewicht fand. Diesen Führungsvorsprung der Frau soll der Mann dankbar annehmen, ohne zu meinen, er sei dadurch in den Hintergrund geraten oder – wie es in der Umgangssprache heißt –, er stehe *„unter dem Pantoffel"*. Dieser Führungsvorsprung ist der Frau von Gott gegeben, jedoch nicht, damit sie herrscht, sondern damit die Zweiheit in der Einheit von Mann und Frau reibungslos funktioniert. Der Mann soll den Führungsvorsprung der Frau dankbar annehmen, weil er erkennt, dass dieser von Gott kommt, und dass alles, was von Gott kommt, genau richtig ist. Wenn er das so sieht, dann fühlt er sich nicht gedemütigt, sondern unterstützt, zumal er weiß, dass Mann und Frau in der Ehe alles gemeinsam haben und dass die Verschiedenheiten der Geschlechter zum Wohle beider gereichen.

Der hl. Johannes Paul II., dem Gott einen scharfen Blick für das Verständnis der Liebe zwischen den Geschlechtern und für die Erkenntnis der Beschaffenheit der Beziehung zwischen Mann und Frau geschenkt hat, hat einmal formuliert: *„Der Frau hat Gott den Menschen anvertraut"*, und er fügte hinzu: *„Die Berufung der Frau ist die Liebe"*. Das zu wissen und zu beherzigen, ist für die Frau-Mann-Beziehung ein wahrer Segen. Was ich als *„Führungsvorsprung"* bezeichnet habe, ist im Grunde ein Vorsprung in der Liebe. An der Frau liegt es, die Liebe beim Mann zu wecken. Das ist eine unleugbare Erfahrungstatsache, die sich täglich auch heute in der ganzen Welt millionenfach zeigt. Dieser Vorrang der Frau, der offenbar zur Natur des Menschseins gehört, ist ihr zum Gelingen der Einheit mit dem Mann gegeben. Nach der Erbsünde kann sie jedoch leider missbraucht werden, und das ist eine große Gefahr, der Frauen unterliegen können, nämlich ihren Vorsprung nicht zu Gunsten der Gemeinschaft, sondern zum eigenen Vorteil zu verwenden. Dass dies leider möglich ist, stellt die Geschichte der Erbsünde unter Beweis. Denn die Frau war es, die den Mann verführte.

Es gehört zu den großen Geheimnissen der Menschheit, wieso unsere Stammeltern, die so nahe bei Gott waren und so glücklich und erfüllt lebten, freiwillig auf ihren an Größe, Reichtum und Würde unmöglich zu überbietenden Status verzichtet haben. Denn, was der Mensch durch die Erbsünde verlor, ist wirklich unermesslich. Aus einem reichen Menschen wurde ein Bettler. Nach der Sünde stand der Mensch *„nackt"* da (vgl. Gen 3,7), wie es in der Genesis heißt, d.h. er hatte seinen Glanz verloren.

Was hat der Mensch durch die Sünde konkret alles verloren? Was ist aus dem im Überfluss des Glücks, der Liebe und des Wohlergehens lebenden Menschen geworden? Die erste Folge der Erbsünde war, dass der Mensch *seine übernatürliche Beschaffenheit verlor*. Diese bestand ja, das wissen wir inzwischen gut, in der Ähnlichkeit mit Gott. Der Mensch hatte Anteil an der Göttlichkeit, trug in seinem Inneren sozusagen einen Funken Gottes, eine Art SIM-Karte haben wir gesagt, die ihm Zugang zu den göttlichen Sphären ermöglichte. Mit der Sünde war das Übernatürliche im Menschen aber gänzlich weg. So wie eine Rebe, die sich vom Weinstock trennt, nicht mehr zu diesem gehört, mit der Folge, dass die lebendig machenden Säfte des Weinstocks sie nicht mehr erreichen, wodurch sie vertrocknet und vergilbt, so war es mit dem *„Menschen der Sünde"*. So nennen wir nämlich den Menschen nach dem Sündenfall. Weil dieser die Ähnlichkeit mit Gott verlor, die ihm gerade seine erstrangige Würde und Größe inmitten der Schöpfung verlieh, wurde er dadurch zu einem gewöhnlichen weiteren Geschöpf, zu einem sterblichen Geschöpf wie alle anderen auch, die die Erde bevölkern, wie etwa der Löwe, die Giraffe, der Fuchs …, wenn er auch im Konzert der Geschöpfe wohl doch eine erhabenere Position aufgrund seiner Vernunftbegabung behielt, auch wenn diese durch die Sünde ziemlich geschwächt zurückblieb. Die Erbsünde hat die Natur des Menschen nicht vernichtet, diesem aber den Zugang zum Übernatürlichen versperrt. So wurden die geistigen Ressourcen des Menschen – das sind ja vor allem Vernunft, Wille und Gedächtnisvermögen – in einen armseligen Zustand versetzt, denn getrennt von Gott war die Vernunft des Menschen dem Irrtum grundsätzlich offen, ihm oft sogar zugeneigt, sein Wille wurde stark für Reize und Gemeinheiten aller Art anfällig, der Mord des Kain an Abel spricht Bände für sich (vgl. Gen 3,1ff), und das Gedächtnis hörte auf, ein Mittel für die Vergegenwärtigung gewesener Glücksmomente zu sein und mutierte auf der Stelle in eine Instanz, in der die schlimmsten Phantasien wachsen konnten. Durch den Verlust seiner übernatürlichen Dimension wurde der Mensch mit einem Mal rachitisch und unschön, denn er wurde der wunderbaren Bekleidung des Übernatürlichen entblößt. Die Begierden, die vor der Erbsünde gar nicht existierten, kamen als Entstellungen der schönen menschlichen Leidenschaften wuchtig zum Vorschein und lockten den Menschen zum Bösen. So berichtet die Genesis z.B., dass die Männer sich von ihren fleischlichen Gelüsten, die erst mit der Erbsünde in sie hineingefahren waren, derartig leiten ließen, dass sie nach den Frauen griffen, sie missbrauchten und benutzten. *„Als sich die Menschen über die Erde hin zu vermehren begannen und ihnen Töchter geboren wurden"* – so heißt es in der Genesis *wörtlich –* , *„sahen die Gottessöhne, wie schön die Menschentöchter waren, und sie nahmen sich von ihnen Frauen, wie es ihnen gefiel"* (Gen 6,1-3).

Und so stoßen wir auf eine weitere Folge der Erbsünde, die die Welt auch heute verwüstet und mit Sicherheit eines der größten Hindernisse für die Gestaltung einer rechtschaffenen Gesellschaft, erst recht für den Aufbau einer vertrauensvollen Beziehung der Menschen zu Gott ist: *die Unkeuschheit.* Unkeuschheit? Was ist das, die Unkeuschheit? Gibt es die noch? Eines ist auf jeden Fall klar: Die Unkeuschheit erschien auf Erden erst, als der Mensch sich durch die Erbsünde von Gott trennte. Daraus geht zwangsläufig hervor, dass, wo Unkeuschheit waltet, die Verbindung mit Gott gebrochen ist.

Der KKK beschreibt die Unkeuschheit so: *„Unkeuschheit ist ein ungeregelter Genuss der geschlechtlichen Lust oder ein ungeordnetes Verlangen nach ihr. Die Geschlechtslust ist dann ungeordnet, wenn sie um ihrer selbst willen angestrebt und dabei von ihrer inneren Hinordnung auf Weitergabe des Lebens und auf liebende Vereinigung losgelöst wird"* (KKK, 2350).

Die naturwidrige Hinordnung des Menschen auf den ungeregelten Genuss der geschlechtlichen Lust kann ihn derart intensiv „*besetzen*", dass er zur Verwirklichung anspruchsvoller Lebensprojekte, geschweige denn zum Aufbau einer persönlichen Beziehung zu Gott nicht imstande ist. Wer sich in dieser traurigen Lage befindet, betet im Grunde die Lust an, nicht Gott. Das, was ich hier sage, gilt selbstverständlich nur dem, der sich bewusst und willentlich dem Laster der Unkeuschheit hingegeben hat. Keiner von uns ist schon ein Heiliger und jeder kann die Gelüste des Fleisches vor der Tür seines Herzens spüren – das ist keine Sünde! – und auch hinfallen und sündigen, doch wer sie einmal und immer wieder verabscheut und bereut, wer sich in der Beichte immer neu vergeben lässt, der wird bestimmt irgendwann freier sein und ein vertrautes Leben mit Gott führen können. Jeder kann ein Heiliger werden. Vor einiger Zeit las ich eine kleine Meldung in einer Zeitung, in der die Nachricht stand, Deutschland sei im Westen der Konsument Nummer Eins von Pornographie. Wenn dies in die Kirche Einzug hielte, wenn die Katholiken auch da sich dem Zeitgeist anpassten, dann wäre es um die Neuevangelisierung wirklich geschehen. Die Unkeuschheit versperrt den Weg zu Gott!

Und was bewirkte die Erbsünde in den Menschen der Schöpfung noch? Als unmittelbare Folge des Verlustes der Ähnlichkeit mit Gott verlor der Mensch seine Unsterblichkeit. Das war an sich logisch, denn der Mensch war nur aus dem Grund unsterblich erschaffen, dass er Göttliches in sich trug. Und dieses Göttliche war nun nicht mehr da.

Wir fassen zusammen: Die Erbsünde entkleidete den Menschen seiner übernatürlichen Dimension, d.h. der Mensch verlor seine Ähnlichkeit mit Gott, wodurch er automatisch zu einem bloß natürlichen Geschöpf mutierte, sein Inneres geriet in eine tiefgründige Disharmonie. Waren die geistigen und die sinnlichen Dimensionen des Menschen bis zur Erbsünde wunderbar miteinander verzahnt, so dass beide sich ergänzten und zum uneingeschränkten Wohlsein des Menschen beitrugen, so gerieten sie nun aus den Fugen und sorgten für unangenehme innere Kämpfe, für Unzufriedenheit und unzählige unschöne Erscheinungen. Mit einem Wort: Was bei der Schöpfung in Schönheit und Vollkommenheit glänzte, ist nun durch die neue Lage besudelt. Kein einziger Aspekt der menschlichen Person war von der Verderbtheit der Erbsünde verschont geblieben. Wie ein mächtiger Wirbelwind, der eine schöne Landschaft zerstört, so wirkte die Erbsünde in der menschlichen Natur.

Durch den Verlust der Gottähnlichkeit verlor der Mensch seine wahre Mitte. Der Mensch lief völlig aus dem Ruder. In bildlicher, doch realer Sprache, schildert die Genesis die Wirkung der Sünde auf die Beschaffenheit der Beziehung des Menschen zu Gott mit dem Kommentar: Der Mensch versteckte sich vor Gott. Wie kindisch, nicht wahr? *„Adam, wo bist du?"*, rief der Schöpfergott ihm nach der Sünde zu. *„Ich habe mich versteckt, weil ich Angst vor dir gehabt habe"* (vgl. Gen 3,9-10), antwortete unser Stammvater.

Die große Vertrautheit, mit der Gott und der Mensch der Schöpfung miteinander umgingen, ist offenbar endgültig verloren. Der Mensch hat Angst vor Gott. Wie furchtbar! Der Mensch hat seine Unschuld verloren, ist unehrlich mit Gott, er sagt ihm nicht die ganze Wahrheit, sucht nach sinnlosen Ausflüchten, um seine Sünde zu rechtfertigen; so z.B. wenn er auf die Frage Gottes, warum er vom Baum gegessen habe, antwortete: *„Die Frau, die du mir gegeben hast, sie hat mir von dem Baum gegeben, und so habe ich gegessen"* (Gen 3,12). Adam versucht offensichtlich, der Frau die Schuld *„in die Schuhe zu schieben"*, als würde die Verfehlung der Frau ihn von der Verantwortung entlasten. Ja, mehr noch: Irgendwie beschuldigte er sogar Gott, denn – so sprach Adam zu Gott – *„du hast mir ja diese Frau gegeben"* (vgl. Gen 3,12).

Diese Reaktion des Menschen auf die Erbsünde zeigt, wie tief er gesunken war. Er war kaum wiederzuerkennen.

Als der Familie Gottes zugehöriges Geschöpf hatte der Schöpfergott dem Menschen sozusagen göttliche Vollmachten über die Schöpfung gegeben: *„Ich übergebe euch alles"* (vgl. Gen 1,29-30), hatte der Schöpfer zu unseren Stammeltern gesagt. Alles! So sehr hat Gott dem Menschen vertraut. Und es ist nicht schwer, sich vorzustellen, wie froh und dankbar der Mensch der Schöpfung war, als er dies hörte. Sein Selbstwertgefühl schoss in die Höhe und das Bewusstsein, zu Gott als Mitarbeiter und Vertrauter zu gehören, erfüllte ihn mit großer Freude. Gott sah, wie der Mensch sich freute, und war darüber glücklich, hatte er den Mensch doch erschaffen, damit er glücklich sei. Nur – glücklich sollte der Mensch sein, als das, was er ist, als ein Geschöpf, das zwar *„nur ein wenig geringer ist als Gott"* (Ps 8,6), doch nicht Gott. Und dies wollte der Schöpfergott den Menschen auf alle Fälle einschärfen, denn – wenn er diese Art der Beziehung nicht bereit wäre, anzunehmen (eine Vater-Kind-Beziehung), würde er sterben (vgl. Gen 3,3). Und das wollte Gott auf keinen Fall, so sehr liebte er den Menschen! Darum ist davon auszugehen, dass Gott unsere Stammeltern vorwarnte, etwa so: *„Schaut, dass ihr euch nicht überhebt, passt auf, dass ihr vor lauter Glück, Wohlsein und Erfüllung nicht euren Ursprung aus den Augen verliert. Denn – wäre es so, dann wäre der Glanz weg und ihr würdet werden, was ihr gewesen wärt, wenn ich euch nicht eine Anteilhabe an meiner Gottheit geschenkt hätte, ihr wärt dann nur noch bloße Geschöpfe."* *„Vergesst bitte nicht, dass es euch im Grunde so gut geht wie mir, weil ihr mir ähnlich seid, aber Gott – das seid ihr nicht!"*

Diese einzige Bedingung, die Gott den Menschen stellte, nämlich, sich damit zufrieden zu geben, Gott ähnlich zu sein und nicht Gott selber, war keine willkürliche, geschweige denn überfordernde Auflage, sie war lediglich die Bitte Gottes an den

Menschen, seine Beschaffenheit zu akzeptieren: Der Mensch ist nur ein Geschöpf, Gott allein ist der Schöpfer. Das musste der Mensch einsehen und bejahen, damit er seine Identität auf immer bestätigt hätte und diese dann auf ewig verankert werden gewesen wäre. Eigentlich war das wirklich nicht schwer, denn es lag an sich offen zutage. Es ist ungefähr so, wie wenn von einen Kind verlangt wird, dass es einsieht, dass es nicht sein Vater ist, sondern von diesem herkommt. Und warum wollte Gott unbedingt, dass der Mensch sich stets dessen bewusst sei, dass er kein Gott ist, sondern von ihm herkommt? Die Antwort darauf ist sehr schön. Sie lautet: Weil der Mensch sich dann von Gott stets geliebt weiß. Nichts ist so beglückend, wie sich geliebt zu wissen. Das war letztlich der Grund, warum es dem Schöpfergott so wichtig war, dass der Mensch sich stets als *„nur ein wenig geringer als Gott"* (Ps 8,6) weiß und fühlt, denn – wer sich geliebt weiß, fühlt sich vom Liebenden immer beschenkt. Mehr als dies verlangte Gott vom Menschen nicht. Der Mensch sollte zum Zuhause Gottes gehören, sein Mitarbeiter in der Gestaltung der Schöpfung und in der Weitergabe des Lebens sein, das wünschte sich Gott von Herzen, darum hatte er den Menschen ja erschaffen, doch die Position des Menschen sollte logischerweise eine Stufe unter Gott sein. Weil er fast wie Gott sein und wirken sollte, hat der Schöpfer ihm alle Geschöpfe anvertraut (vgl. Gen 2,16), doch der Mensch sollte *„bei seinen Leisten bleiben"*. Darum sagte der Schöpfergott in bildlicher Sprache zu den Stammeltern: Ich schenke euch alles, nur eines dürft ihr nicht, nämlich *„vom Baum des Lebens darfst du keine Frucht essen"* (vgl. Gen 2,17). Und Gott fügte hinzu: *„Denn sobald du davon isst, wirst du sterben"* (Gen 2,17).

Der Mensch war gewarnt. Und er lebte nach dieser Information weiterhin glücklich mitten in der Schöpfung, er erlebte die Liebe mit dem Ehepartner, beteiligte sich an der Entwicklung der Schöpfung (vgl. Gen 2,15) und war Gott, den er in all dem entdeckte, was er erlebte, weiterhin in tiefer Dankbarkeit verbunden.

Eines Tages aber kam die Bewährungsprobe für den Menschen. Das war die Versuchung. Aus heiterem Himmel kam sie. Ohne jegliche Voranmeldung. Im Nachhinein gesehen, kann man sagen, diese Versuchung war nötig, denn sie war mehr als nur eine Versuchung. Wie könnte ich das erklären? Vielleicht so: Weil der Mensch Gott ähnlich war, musste er frei sein. Denn Gott ist ja die Freiheit schlechthin. Bis zu der Versuchung lebte der Mensch in einem unendlich glücklichen Zustand, zu dessen Zustandekommen er gar nichts beigetragen hatte. Er war ein Beschenkter. Es ist zweifellos sehr schön, wenn man beschenkt wird. Dass man beschenkt wird, heißt aber nicht schon, dass man frei ist, höchstens, dass man sich darüber freut, beschenkt worden zu sein. Der Mensch musste aber auf irgendeine Weise durch eine freie Entscheidung erklären, dass er die Beschaffenheit eines Wesens, *„das nur ein wenig geringer ist als Gott"* (Ps 8,6) gerne annimmt und sie aus freien Stücken zu seiner festen Lebensform, ja zu seiner Seinsidentität macht. Die Versuchung unserer Stammeltern war der Rahmen, in dem der Mensch sich endgültig und absolut frei äußern musste, ob er mit seiner Beschaffenheit einverstanden war oder nicht. Eigentlich war es zu erwarten, dass der Mensch nach den wiederholten Glückserfahrungen, die er inzwischen gesammelt hatte, Ja sagen würde. Erstaunlicherweise – man kann es kaum begreifen – kam es anders.

„Was? Hat Gott euch gesagt, dass ihr sterben werdet, wenn ihr davon esst?", fragte die Schlange, d.h. der Teufel, unsere Stammmutter Eva. „Ach was! Glaubt kein Wort davon, das Gegenteil wird der Fall sein. Wenn ihr davon esst, dann werdet ihr wie Gott sein! Gott hat euch das verboten, weil er weiß: Sobald ihr davon esst, gehen euch die Augen auf und ihr werdet wie Gott" (vgl. Gen 3,1-4). Und die Frau sah, dass das Angebot des Teufels schön anzuschauen war. Ginge

sie darauf ein, so würde der Mensch in der ganzen Schöpfung die Nummer Eins sein, niemandem unterworfen, nicht einmal Gott würde er folgen müssen. All das ging unserer Stammmutter mit einem Mal durch den Kopf, und in ihr Herz schlich sich verführerisch ein innerer Impuls des Misstrauens gegen Gott ein: *„Also hat Gott uns betrogen! Er hat uns etwas untersagt, damit wir ihn nicht einholen!"* Und so wurde die kindliche, schöne Verbindung des Menschen zu Gott gebrochen. Unsere Stammmutter aß davon, d.h. sie willigte in die Versuchung ein, ihre Beschaffenheit eines Kindes Gottes mit der eines Erwachsenen zu tauschen, der Gott nicht braucht, und gab dem Mann zu essen. Der Mann folgte dem Rat seiner Frau und aß ebenfalls davon. Und da merkten sie beide auf einmal, dass sie nackt waren (vgl. Gen 3,6-7). Sie merkten, dass sie alles verloren hatten, was sie im Übermaß besessen hatten. Alles Übernatürliche, das sie bei der Schöpfung erhalten hatten, war weg. Sie standen da mit leeren Händen. Das ist der Kern der Erbsünde: Gott misstrauen, sich selber mehr vertrauen als Gott. Das ist die Erbsünde! Sich über Gott stellen zu wollen, das ist es, was die Stammeltern getan haben.

Diese Sünde war mehr als nur eine moralische Sünde, die man aus Schwachheit begeht und die später vergeben werden kann. Nein, es ging um etwas viel Tieferes. Der Inhalt der Versuchung war die Annahme oder Zurückweisung der Beschaffenheit des Menschseins, wie Gott sich diese vorgestellt hatte. Der Mensch – ein freies Wesen! – musste antworten: Ja oder Nein. Als der Mensch nein sagte, beging er mehr als nur eine Sünde, er entstellte sich selber, und das Projekt Gottes für den Menschen, wie es im Menschen der Schöpfung zum Vorschein gekommen war, wurde zerstört. Es war so, wie wenn aus einem Luftballon plötzlich die Luft herausgeht. Es bleibt nur ein Stück Gummi, das dann am Boden liegt, es kann nicht mehr fliegen. So ähnlich war es mit dem Menschen nach der Erbsünde. Von dem glänzenden Menschen der Schöpfung blieb kaum etwas übrig. Er war entstellt, verunstaltet.

Nun gehen wir im Geiste zur Szene der Versuchung unserer Stammeltern zurück. Da stellen sich zwangsläufig einige grundsätzliche Fragen: Warum sollten die Stammeltern versucht werden? Warum nicht auf immer in der schönen Weise weiter leben, wie Gott sie erschaffen hatte? Das haben wir oben eigentlich bereits beantwortet: weil der Mensch keine Maschine ist, kein Roboter, sondern ein gottähnliches Wesen. Gott ist frei. Und deshalb war es angemessen, ja es war unbedingt notwendig, dass der Mensch sich durch einen positiven Akt frei entscheidet, ob er die Beschaffenheit, die Gott für ihn ausgewählt hatte, als eigene Lebensform akzeptierte. Ein Ja hätte genügt, wie Maria es bei der Verkündigung gesagt hat. Wie wichtig ist es, Ja zu Gott zu sagen! Maria sagte Ja, und dieses Ja veränderte die Welt. Adam und Eva sagten Nein, und dieses Nein brachte den Menschen in den Sumpf.

Eine weitere Frage, die sich in diesem Zusammenhang stellt, ist: War die von der Sünde bewirkte Entstellung des Menschen nicht eine allzu schwere Strafe, zumal sie jeden einzelnen Menschen bis zum Ende der Welt belastet?

War das eigentlich eine Strafe? War es so, dass Gott dem Sünder etwa im Ärger über die begangene Sünde seine Übermacht zeigen wollte? Nein, so war es nicht. Denn Gott spricht nicht die Sprache der Rache, der unbarmherzigen Vergeltung, sondern die Sprache der Liebe. Er ist ja die Liebe schlechthin! Echte Liebe mag enttäuscht werden, doch sie schlägt niemals in Rache um oder gar in Blutdurst. Das war eigentlich keine Strafe im rein juristischen Sinne. Der Mensch entstellte sich selber. Nicht Gott hat ihn in den miserablen Zustand heruntergefördert, in den er verfiel. Der Mensch selber hat sich den Schaden zugefügt, zum größten Bedauern Gottes. Denn der Mensch sah nach der Erbsünde wirklich schlecht aus. Gott sah ihn sich an und war tief betrübt, denn er liebte den Menschen nach wie vor, auch nach der Sünde. Was tun nun? Gott hätte den Lauf der Dinge weiter geschehen lassen – das wäre nicht ungerecht gewesen –, er hätte sagen können: *„Du hast es so gewollt, das sollst du auch haben."* Aber er brachte es nicht übers Herz. Als der Schöpfergott den miserablen Zustand sah, in dem der Mensch sich befand, und an die Milliarden Menschen dachte, die Adam und Eva Generation um Generation folgen würden, empfand er Mitleid mit ihm und sagte sich: *„Nein, ich lasse den Menschen nicht in diesem Zustand. Ich will ihn bei mir in meinem Zuhause haben, damit er das Glück, das er jetzt verspielt hat, doch wieder haben kann. Ich werde ihn aus dieser misslichen Lage befreien, ihn erlösen."*

So war es. Die Liebe war stärker als die Sünde. Der Schöpfergott brachte dann einen Plan B für den Menschen ins Spiel, damit er schließlich doch zu dem kommen kann, was er am Anfang genoss und später dummerweise kläglich verlor bzw. selber in die Luft schleuderte.

Mitten in der Tristesse des Tages der Sünde leuchtete am Horizont der Menschheitsgeschichte ein Hoffnungsschimmer. Es war die Verheißung Gottes: *„Ja, du hast Schlechtes getan, das stimmt, doch ich werde zurückkommen und aus dir wieder etwas Großes machen."* In jener Stunde begann in der Geschichte die Ära des Wartens auf den Erlöser. Aus dem Menschen der Sünde wurde der Mensch der Hoffnung. Der Mensch der Hoffnung ist noch nicht erlöst, er weiß aber, dass seine Erlösung in Sicht ist und dass Gott ihn weiterhin liebt. Das lässt ihn zuversichtlich sein.

Kapitel IV.

Der entstellte Mensch

Die Sünde unserer Stammeltern bewirkte in der menschlichen Natur, d.h. in einem jeden Menschen bis zum Ende der Welt, eine grundlegende Veränderung. Der völlig freiwillig vollzogene Verzicht auf die Gottähnlichkeit und mithin auf die Gotteskindschaft und auf die Zugehörigkeit zum Zuhause Gottes, worin die Erbsünde im Grunde letztlich besteht, veränderte den Menschen grundlegend, denn die Gottähnlichkeit war ja das Hauptmerkmal seiner Beschaffenheit. Zwar blieb der Mensch, auch nach der Sünde, das erhabenste Geschöpf der gesamten Schöpfung, denn er behielt, wenngleich vermindert, wie wir bald sehen werden, seine geistigen Eigenschaften, Vernunft, Wille und Gedächtnisvermögen, doch durch den Verzicht auf die Gottähnlichkeit verlor er seine eigentliche Mitte und stürzte dadurch auf das Niveau eines gewöhnlichen Geschöpfes herab. Der Glanz, in dem er vor dem Sündenfall strahlte, war nunmehr verloren, denn dieser Glanz war nichts anderes als ein Abglanz der Gottheit, zu der er von der Schöpfung her in einem realen Ähnlichkeitsverhältnis gehörte. Wenn ich dies etwas plakativ ausdrücken darf, würde ich sagen: Durch den Verlust der Gottähnlichkeit bzw. der Gotteskindschaft geschah im Menschen so etwas, wie wenn ein Luftballon die Luft verliert; er behält zwar die Substanz des Gummis, doch er kann nicht mehr fliegen. Ohne den Glanz der Nähe Gottes war der Mensch tatsächlich entstellt. Darum heißt es in der Genesis, Adam und Eva stellten unmittelbar nach der Sünde fest, *„dass sie nackt waren"* (Gen 3,7). Das ist ein Bild dafür, dass sie ihre „übernatürliche Beschaffenheit", d.h. ihre tiefe, innige, ja, ihre kindliche Verbindung mit dem Schöpfer verloren hatten. Sie waren nunmehr lediglich Geschöpfe, wie alle anderen Geschöpfe auch, etwa eine Katze, ein Nashorn, eine Ameise, ein Affe, ein Eichhörnchen …, wenn sie auch, wie bereits gesagt, eine Vorrangstellung unter allen anderen Geschöpfen hatten, da ihre Grundstruktur nicht nur materiell, sondern auch geistig war. Auf den Punkt gebracht: Die Sünde bewirkte im Menschen die Auslöschung seiner familiären Zugehörigkeit zu Gott. Theologisch ausgedrückt: Er verlor die übernatürlichen Gaben, von denen die prägendste seine Gotteskindschaft war.

Durch den Verlust seiner übernatürlichen Beschaffenheit wurde der Mensch in seinen Grundfesten erschüttert, denn der Mensch war ja als Kind Gottes erschaffen. Die Gotteskindschaft war ihm nicht erst nach seiner Erschaffung verliehen, er war von Anfang an ein Geschöpf mit übernatürlicher Komponente. Logisch also, dass durch das Verschwinden seiner Achse sich im Menschen zwangsläufig verheerende Konsequenzen ergeben haben, ja ergeben mussten, auf die wir nun kurz eingehen wollen, um zu erfahren, wie geartet das Leben des Menschen in der Zeit nach der Erbsünde war.

Ja, wie geartet war dieses Leben? Wie sah es aus? Was konnte der Mensch in seinem Zustand der radikalen Entfernung von Gott, die er sich selber ausgesucht hatte, alles noch machen? Der Schöpfungsbericht der Genesis zeigt es uns. Mit der Hilfe von Bildern, denen allerdings reale Geschehnisse zugrunde liegen, erfahren wir, wie es dem Menschen nach der Erbsünde tatsächlich ging. Im Übrigen möchte ich den Menschen in seinem Zustand nach der Sünde den *„entstellten Menschen"* nennen. Zurecht, denn durch die Sünde entsprach der Mensch auf einmal gar nicht mehr der Beschaffenheit, die Gott sich für ihn vorgestellt und ihm bei der Schöpfung mit auf den Weg seines Lebens gegeben hatte.

Nun – wie hat der „*entstellte Mensch*" gelebt? Das Erste, was er nach der Sünde tat, war, sich vor Gott zu verstecken (vgl. Gen 3,8-10). Merkwürdig, nicht wahr? Sich vor Gott zu verstecken, ihm aus dem Wege zu gehen, das war die erste Folge der Sünde. Was für ein Unterschied zwischen der Beschaffenheit des Menschen vor und nach der Sünde! Wie Tag und Nacht! Der Mensch nach der Sünde ist kaum wiederzuerkennen. Er ist eben „*der entstellte Mensch*".

Die Erbsünde hinterließ in der menschlichen Natur offenkundige Spuren. Wie könnte ich das erklären? Vielleicht so: Wenn jemand eine giftige Substanz trinkt, so hat das eine ganze Reihe von „*Nebenwirkungen*", die sein Leben und Handeln stark verändern, und zwar zum Negativen hin: Manche Organe des Körpers werden geschädigt, andere sterben, die innere Harmonie der Organe miteinander funktioniert nicht mehr richtig, die Lebensqualität sinkt beträchtlich. Nun fragen wir uns: Welche waren diese Wirkungen, die den Menschen entstellten?

Die grundlegendste Wirkung der Erbsünde war ohne Frage die Beschädigung der Beziehung des Menschen zu Gott. Der Mensch vermochte Gott nicht mehr als Vater zu begegnen, er bekam mit einem Mal, wie oben bereits gesagt, Angst vor ihm. Die schöne Vertrautheit von einst war endgültig weg. Die Einfachheit mit der der Mensch nach seiner Erschaffung mit Gott sprach, etwa z.B. als er ihn um einen Partner bat (vgl. Gen 2,18; 21-23), weil er sich in der Schöpfung einsam fühlte, war völlig verschwunden. Der Mensch verkomplizierte sich im Umgang mit Gott, Gott wird für ihn nun eine Hürde, statt eine vertraute, familiäre Hilfe, er wird unaufrichtig vor Gott und sucht haltlose Entschuldigungen für sein schlechtes Tun. Adam will sich rechtfertigen und schiebt die Schuld seines Tuns seiner Frau, Eva, in die Schuhe: „*Die Frau, die du mir gegeben hast, sie hat mich verführt*" (vgl. Gen 3,12), sagte er zum Schöpfergott. Mit einem Wort: Der Umgang des entstellten Menschen mit Gott ist grundlegend gestört. Eigentlich ist es logisch, dass nach dem Bruch des Menschen mit Gott keine vertraute Beziehung mehr zu ihm aufgebaut werden konnte, denn der Mensch war sich ja dessen voll bewusst, aus dem Zuhause Gottes definitiv ausgezogen zu sein, Gott auf immer den Rücken gekehrt zu haben. Gott wurde für den Menschen dadurch ein Fremder. Mit Fremden aber pflegt man keine intime, familiäre, unbeschwerte und freundschaftliche Beziehung.

Wir fassen zusammen: Die durch den Verzicht auf die Gotteskindschaft freiwillig herbeigeführte Unfähigkeit, in einem liebevollen, kindlichen Verhältnis mit Gott zu leben, war für den Menschen der Sünde – d.h. für den entstellten Menschen – die verheerendste Folge der Erbsünde. Alle weiteren Folgen haben hierin letztlich ihren Ursprung. Und so gelangen wir zu der Erkenntnis, dass eine wirklich schöne, warmherzige und vertraute Beziehung des Menschen zu Gott auch heute nur dann aufblühen und beglücken kann, wenn der Mensch sich als Kind Gottes weiß und sich als solches zu verhalten versucht[19]. Das war vor der Sünde immer der Fall, nachher leider nicht mehr. Diese Bemerkung lässt uns etwas erkennen, das auch für uns heute von großer Bedeutung ist, nämlich dass die im Grunde einzig richtige Beziehungsart des Menschen zu Gott die Beziehung der Kindschaft ist. Wer vertraut mit Gott sein möchte, wer gut beten will, wer ein Leben zu Zweit mit Gott leben möchte, mit einem Wort, wer sein christliches Leben richtig gestalten will, der muss dies in der Art tun, wie ein Kind sich gegenüber dem Vater bzw. der Mutter verhält. Darum sagte Jesus, wir sollten wie Kinder werden, denn nur die, die als Erwachsene wie Kinder im Geiste sind, werden in das Himmelreich eingehen (vgl. Lk 18,15), anders formuliert: Nur die, die sich im Umgang mit Gott wie Kinder

---

19 Dieser Zustand der Seele heißt theologisch „Stand der Gnade".

verhalten, haben das Christentum verstanden, leben es richtig und werden Freude am Glauben haben.

Der Verlust der Gotteskindschaft bewirkte außerdem etwas ganz Furchtbares und Niederschmetterndes, nämlich dass der Mensch, der *als unsterbliches Wesen erschaffen worden war*, auf der Stelle sterblich wurde. Dass dies geschehen musste, ist leicht erklärbar: Im Gegensatz zu allen anderen Geschöpfen, die als rein natürliche Wesen erschaffen worden waren, wurde der Mensch als ein übernatürlich-natürliches Geschöpf erschaffen. Übernatürlich war er, weil er vom Urgrund seiner Erschaffung her Anteil an der Gottheit hatte. Und weil Gott logischerweise unsterblich ist, „*musste*" der Mensch auch unsterblich sein. Die Unsterblichkeit des Menschen war eine zwangsläufige Folge seiner Gotteskindschaft. War diese Qualität des Menschen – seine Gottesähnlichkeit nämlich – einmal weg – und dies geschah durch die Erbsünde –, dann fehlte die Grundlage für die Unsterblichkeit, auch für die Unsterblichkeit seiner Seele. Darum musste der Mensch sterben wie jedes andere, rein natürliche Geschöpf auch. Denn die Materie ist von Natur aus vergänglich. Und der Mensch wurde durch den Verlust seiner übernatürlichen Komponente im Grunde eben nur Materie[20]. Der Tod des entstellten Menschen musste deswegen, wie bei allen Geschöpfen auch, ein definitiver Tod sein, ein endgültiger Übergang in die Verwesung und in das Nichtsein. Die Materie vergeht, der Tod der Geschöpfe ist absolute Endstation. Einmal tot, immer tot. Das war die Zukunft des entstellten Menschen: die totale Verwesung nach dem natürlichen Sterben.

War die kindliche, schöne Beziehung des Menschen zu Gott nach der Erbsünde zerstört, musste er die dramatische Tatsache

---

20 Sicher behielt der entstellte Mensch seinen rein natürlichen Geist (Vernunft, Wille, Gedächtnis), doch dieser Geist – ohne jegliche Verbindung mit der übernatürlichen Welt – folgt dem Schicksal der Materie, des Leibes also, und ist genauso sterblich wie der Leib.

seines ewigen Todes hinnehmen, so spürte er mit einem Mal im Innersten seines Menschseins dazu noch eine tief sitzende Unordnung, eine innere Spaltung; es war in ihm eine Kraft da, die sich seiner zu bemächtigen drohte und ihn zum Bösen trieb. Es herrschte in seinem Inneren keine Harmonie mehr. Seine geistigen und leiblichen Dimensionen, die bis zur Sünde vollkommen harmonierten, klafften gewaltig auseinander. Der Mensch war innerlich gespalten, unzufrieden, unerfüllt.

Dass unter diesen Umständen ein rechtschaffenes Leben, zumal in der Gemeinschaft, schwer sein musste, leuchtet ein. Streit, Ärger, Neid, Eifersucht, Verleumdung, wie auch alle weiteren möglichen Verfehlungen und Sünden im Miteinander, ja sogar Mord und Totschlag, sind Folgen der inneren Zerrissenheit, die die Erbsünde im Menschen verursacht hat. Dass dies so ist, kann man deutlich an der Schädigung der ehelichen Liebe sehen, die von Gott her als ein Höhepunkt der Schöpfung gedacht war. In der Frau-Mann-Beziehung, die vom Schöpfergott zum Erlebnis von Liebe gedacht worden war, traten nach der Erbsünde Probleme, Schwierigkeiten und Zerwürfnisse auf, die an der Liebe nagen und diese sogar zum Erlöschen bringen können. Dass dies in der Ehe wegen der Sünde so kommen würde, hat der Schöpfergott unseren Stammeltern angekündigt, und zwar sofort, nachdem die Sünde begangen worden war. In der typisch bildlichen Sprache der Genesis eröffnet der Schöpfer beiden, dass sie in ihrer Beziehung zueinander auf Schwierigkeiten und Unerfreuliches stoßen würden. Der Frau prophezeite er, sie werde „*Verlangen nach dem Mann haben, dieser aber werde über sie herrschen*" (vgl. Gen 3,16). Selbst auf die Gefahr hin, mich zu wiederholen, möchte ich hier nicht unerwähnt lassen, was wir schon wissen, nämlich dass die Probleme, die in der Ehe nach dem Sündenfall auftreten können, keine Strafen eines beleidigten Gottes sind. Nein – so war es nicht. Es war vielmehr die zwangsläufige Folge davon, dass nach der Erbsünde die Liebe von Mann und Frau nicht mehr ein Abglanz der Liebe war, mit der Gott liebt. Die göttliche Liebe durchformte mit einem Mal nicht mehr die Liebe von Mann und Frau. Diese Liebe war nunmehr auf die Stufe der bloß menschlichen Anziehungskraft der Geschlechter zueinander herabgesunken. Da diese Attraktion erfahrungsgemäß nicht unbedingt von Dauer ist, ist es nur logisch, dass Probleme im Miteinander der Geschlechter entstehen mussten. Um es auf den Punkt zu bringen: War die Beziehung zwischen Mann und Frau vor der Erbsünde aufgrund der innigen Verbindung zwischen Gott und Mensch ein leiblicher Abglanz der geistigen Liebe und Harmonie in der Dreifaltigkeit, so wurde die eheliche Liebe durch die Erbsünde auf die bloße Feststellung der rein natürlichen Anziehungskraft der Geschlechter zueinander zurückgestuft. Dass dies sich in der Gestaltung des Ehelebens wertmindernd ausdrücken musste, liegt auf der Hand. Zur Verdeutlichung dieser Situation gibt es eine schöne, lustige Fabel aus Indien, die uns zeigt, wie Mann und Frau nach der Sünde sich zwar liebten, doch leider nicht so, wie es beim Menschen der Schöpfung war. Zwar ist es eine Fabel aus einem anderen Kulturkreis, sie bezeugt jedoch die Existenz einer Uroffenbarung über die Erbsünde auch außerhalb der Tradition des jüdischen Volkes und des Christentums und zeigt, wenn auch mit Abweichungen zur katholischen Erbsündenlehre, dass der Zustand der Beziehung zwischen Mann und Frau nach der Erbsünde nicht mehr so war wie am Anfang, nämlich ein Abglanz der Liebe, mit der die Dreifaltigkeit in ihrem Miteinander liebt.

So lautet die Fabel aus Indien:

„Als Gott den Mann erschaffen hatte, stellte er fest, dass er alles verfügbare Material verbraucht hatte. Es gab nichts Festes, Greifbares mehr, woraus er die Frau bilden konnte. Gott dachte lange nach. Dann nahm er die Rundheit des Mondes, die Biegsamkeit einer Weinranke, das Zittern des Grases, die Zartheit des Schilfs und das

Blühen der Blumen, die Leichtigkeit der Blätter und die Heiterkeit der Sonnenstrahlen, die Tränen der Wolken und die Flüchtigkeit des Windes, die Furchtsamkeit eines Hasen und die Eitelkeit eines Pfaues, die Weichheit einer Vogelbrust und die Härte eines Diamanten, die Süßigkeit des Honigs und die Grausamkeit eines Tigers, das Brennen des Feuers und die Kälte tiefen Schnees, die Geschwätzigkeit einer Elster und das Singen einer Nachtigall, die Falschheit einer Schlange und die Verlässlichkeit einer Löwin. Gott vermischte alle diese Elemente und schuf daraus die Frau und gab sie dem Mann.

Nach einer Woche kam der Mann wieder und sagte: ,Herr, das Wesen, das du mir gegeben hast, macht mir keine Freude. Sie redet ununterbrochen und quält mich so sehr, dass ich gar keine Ruhe mehr habe. Sie besteht darauf, dass ich mich ihr ständig widme, und so gehen meine Stunden dahin. Sie regt sich über jede Kleinigkeit auf und führt ein müßiges Leben. Ich will sie dir zurückgeben, denn ich kann nicht mit ihr leben'.

Gott war einverstanden und nahm sie zurück.

Nach einer Woche kam der Mann wieder zu Gott und sagte: ,Herr, mein Leben ist leer, seit ich die Frau zurückgegeben habe. Ich muss immer an sie denken – wie sie tanzte und sang, wie sie mich aus den Augenwinkeln ansah, wie sie mit mir redete und sich an mich schmiegte. Sie sah so schön aus, und es war so gut, sie zu berühren. Ich hörte sie so gerne lachen, gib sie mir doch wieder zurück!'

Gott war einverstanden und gab sie ihm zurück.

Aber drei Tage später kam der Mann wieder und sagte: ,Herr, ich verstehe es einfach nicht – ich kann es nicht erklären, aber nach all meinen Erfahrungen mit der Frau bin ich doch zu dem Ergebnis gekommen, dass sie mir mehr Unannehmlichkeiten als Freude macht. Ich bitte dich daher, nimm sie doch wieder zurück! Ich kann nicht mehr mit ihr leben!'

Gott antwortete: ,Du kannst aber auch nicht ohne sie leben!' Und er wandte dem Mann den Rücken zu und setzte seine Arbeit fort.

Der Mann aber sagte verzweifelt: ,Was soll ich tun? Ich kann nicht mit ihr leben, aber ohne sie kann ich auch nicht leben!'"[21]

Ja, so ist es gewesen. Die Erbsünde hat die gesamte Schöpfung von der Wurzel her beschädigt. Alles Erschaffene wurde in Mitleidenschaft gezogen. Je wichtiger für das Wohlergehen des Menschen irgendetwas Geschaffenes war, desto stärker war der Schaden. Und weil es nichts Wichtigeres gibt als die Liebe, ist es völlig verständlich, dass die Wunden der Sünde gerade an der Liebe, auch und vor allem an der Liebe zwischen Mann und Frau, besonders stark sichtbar wurden.

Die Folgen der Erbsünde sind in der Tat so verheerend, dass nicht selten die Frage gestellt wird: Hätte Gott nicht verhindern können, dass der Mensch die Erbsünde beging? Er ist doch allmächtig! Warum hat er die Sünde zugelassen? Was sagt der Glaube dazu? Der Glaube macht uns zunächst einmal deutlich, dass die Veränderung des Menschen nicht auf Gott zurückgeht. Sie ist gegen seinen Willen geschehen. Der Schöpfergott hat den Menschen nicht auf Zeit in Pracht und Würde erschaffen, er hat den Menschen so gemacht, wie er ihn auf immer haben wollte, nämlich als ein Mitglied seiner Familie, als ein Mitarbeiter in seiner Schöpfung, als ein Wesen, das an dem Glück Anteil haben durfte, das ihn selber von jeher erfüllte. Weil der Mensch aber Gott ähnlich erschaffen worden war und Gott frei ist, musste der Mensch unbedingt auch frei sein. Dass er bei seiner Erschaffung eine schöne und erhabene Beschaffenheit von Gott geschenkt bekommen hatte, spricht zunächst einmal nur dafür, dass Gott den Menschen offenbar sehr liebt und außergewöhnlich großzügig ist. Mehr aber nicht. Der Mensch war an seiner Schöpfung völlig unbeteiligt. Sie fiel ihm in den Schoß! Was geschieht nun,

---

21 Dieter und Vreni Theobald: Das ABC einer lebendigen Ehe, Brunnen-Verl., Basel 2002, S. 9-10

wenn jemand beschenkt wird? Meistens ist der Beschenkte überrascht, dann ist er dankbar, drittens muss er entscheiden, ob er das Geschenk annimmt oder nicht. So ist es bei jeder Erbschaft. Man kann sie auch ablehnen. Jedenfalls wird sie erst nach deren formaler Annahme wirksam. Als erwachsenes, freies Wesen konnte der Mensch der Schöpfung das Geschenk seiner Beschaffenheit in voller Freiheit annehmen oder nicht. Dass er es annehmen würde, war eigentlich zu erwarten, denn als Teilhaber an der göttlichen Natur war er in der Lage, die Erhabenheit seines hervorragenden Zustandes im Gesamten der Schöpfung zu erfassen. Und als Besitzer einer einwandfreien menschlichen Natur konnte er problemlos erfassen, dass seine persönliche Situation wirklich nicht zu überbieten war. Und dennoch konnte er auch Nein sagen, und zwar deswegen, weil er frei war. Also musste er sich entscheiden. Erst nach einer zu erwartende positiven Entscheidung würde seine Beschaffenheit in den Tiefen der menschlichen Natur fest und unwiderruflich verankert sein.

Dabei ist zu vermerken, dass der Mensch der Schöpfung sich bei seiner Entscheidung voll bewusst war, dass er die menschliche Natur verkörperte und dass er darum seine Nachkommenschaft mit in seine Entscheidung hineinnahm. Mit anderen Worten: Die Entscheidung des ersten Menschen war generationenübergreifend, sie würde jedem einzelnen Träger der menschlichen Natur anhaften. Aber – ist es nicht ungerecht, dass die Nachkommen der Stammeltern für deren Sünde aufkommen müssen? *„Wir haben ja nichts getan! Wir sind nicht gefragt worden!"* Papst Benedikt XVI. ging einmal auf dieses Thema ein und sagte wörtlich: *„Nichts erscheint uns heute fremder, ja absurder, als Erbsünde zu behaupten, weil Schuld nach unserer Auffassung ja immer nur das Persönlichste sein kann; weil Gott nicht ein Konzentrationslager beherrscht, in dem es Sippenhaft gibt, sondern der freie Gott der Liebe ist, der jeden bei seinem Namen ruft. Was also bedeutet ‚Erbsünde',* *wenn wir sie richtig auslegen? Um hier Antwort zu finden, ist nichts Geringeres nötig, als den Menschen wieder besser verstehen zu lernen. Wir müssen uns wieder klarmachen, dass kein Mensch in sich selbst geschlossen ist, dass keiner von sich allein und für sich allein leben kann. Wir empfangen unser Leben nicht nur im Augenblick der Geburt, sondern jeden Tag von außen her, vom anderen, von dem, was nicht mein Ich ist und doch ihm zugehört. Der Mensch hat sein Selbst nicht nur in sich, sondern auch außer sich: Er lebt in denen, die er liebt; in denen, von denen er lebt und für die er da ist. Der Mensch ist Beziehung und er hat sein Leben, sich selbst, nur in der Weise der Beziehung. Ich allein bin gar nicht ich, sondern nur im Du und am Du bin ich Ich-selbst."*[22]

Ja, so ist es: Der Mensch trägt in sich die Fähigkeit, stellvertretend zu handeln und kann andere in seine Entscheidungen mit hineinnehmen. Das gehört offenbar zur menschlichen Natur dazu und weist darauf hin, dass jeder einzelne Mensch Verantwortung für andere trägt. Niemand lebt für sich selbst allein. Wir leben im Miteinander. Es ist eine Erfahrungstatsache, dass das Lebensverhalten der Eltern das zukünftige Lebensverhalten der Kinder beeinflusst, nicht nur genetisch, auch nicht nur in Gebärden, in der Sprache, sondern auch im inneren Bereich der Seele. Aus ängstlichen Eltern gehen selten mutige Kinder hervor; frohe, aufgeschlossene und sympathische Kinder stammen meistens von offenherzigen Eltern; Kinder von alkoholabhängigen Eltern sind vom Alkoholismus bedrohte Menschen. Auf irgendeine Weise und sicherlich in je verschiedenen Ausmaßen bedingt das Leben der Eltern die Zukunft der Kinder, jedoch immer bei Wahrung der Freiheit eines jeden Menschen. Auch die Kinder eines Verbrecherehepaares können selbstverständlich heilig werden. Nur

22 Joseph Ratzinger: Im Anfang schuf Gott. Vier Predigten über Schöpfung und Fall, München 1986, S. 55-57

– anfangs werden sie es schwer haben. Vor diesem Hintergrund ist verständlich, dass die Erziehung der Nachkommenschaft eine wesentliche Aufgabe der Eltern ist. Und deshalb ruft die Kirche uns ins Gedächtnis, dass die Ehe nicht bloß dazu da ist, dass Mann und Frau sich lieben, sich unterstützen und zueinander stehen, sondern auch dazu, dass die Kinder, die sie bekommen, erzogen werden. Die Lebensführung der Eltern ist offenkundig der erste Maßstab der Erziehung.

Summa summarum: Die Stammeltern mussten persönlich wie auch stellvertretend für alle Menschen die Entscheidung treffen, ob sie die Beschaffenheit, die Gott ihnen auf dem Weg des Lebens geschenkt hatte, akzeptieren oder nicht. Diese Stunde der Entscheidung ist für die ganze Menschheit derart folgenschwer, dass es mir angemessen erscheint, selbst auf die Gefahr hin manches zu wiederholen, darauf ausführlich einzugehen. Die Frage des Schöpfers an den Menschen beschreibt die Genesis mit eindrucksvollen Bildern und lautet sinngemäß:

„Nimmst du deine Beschaffenheit als ein Geschöpf, das nur ein wenig geringer ist als Gott, an?" „Schau, ich gebe dir alles, nur eines darfst du nicht tun: Vom Baum der Erkenntnis von Gut und Böse zu essen, denn sobald du davon isst, wirst du sterben" (vgl. Gen 2,16-17).

Eigentlich hätte der Mensch, *„ohne mit der Wimper zu zucken"*, Ja dazu sagen sollen. Dazu war er sowohl übernatürlich wie auch rein menschlich bestens ausgerüstet. Die Freiheit, Nein zu sagen, behielt er aber dennoch. Da trat die Schlange in die Szene, machte sich an unsere Stammmutter heran und flüsterte ihr zu:

„Du, Mensch, denk einmal darüber nach, sei nicht naiv, du bist zwar fast wie Gott, das stimmt, du weißt fast alles, du nimmst Anteil an der Gottheit, verkehrst vertraut mit der Dreifaltigkeit, darfst mit Gott in der weiteren Entfaltung der Schöpfung durch die Geschichte hindurch mitarbeiten, bist zweifellos glücklich, denn du liebst und

gehst in der Liebe auf, doch eines fehlt dir. Schau mal! Gott weiß mehr als du, er ist erhaben, du stehst unter ihm, bist nicht die Nummer Eins. Überleg mal: Wie wäre es, wenn du doch die Nummer Eins wärest? Du wärest dann selber Gott, würdest alles wissen. Dann bist du die Größte. Und dir und deinem Mann werden die Augen aufgehen und ihr werdet alles wissen, wie Gott" (vgl. Gen 3,5).

Die Schlange, so die Genesis weiter, *„war schlauer als alle Tiere des Feldes"* (Gen 3,1). Sie machte sich an die Frau heran und gaukelte ihr die *„Vorzüge"* eines Lebens ohne Gott vor, wie wir gerade gehört haben. Die Frau hörte sich das an und lehnte zunächst offenbar das Angebot der Schlange ab, denn diese musste nachhaken: *„Hat Gott wirklich gesagt, Ihr dürft von keinem Baum des Gartens essen?"* (Gen 3,1). Da lachte die Schlange und machte sich über die Frau lustig: *„Was? Hat Gott euch gesagt, dass ihr dann sterben werdet? Ach was! Glaubt kein Wort davon, nicht werdet ihr sterben, im Gegenteil! Gott weiß, sobald ihr davon esst, gehen euch tatsächlich die Augen auf und ihr werdet wie Gott"* (vgl. Gen 3,4-5).

Die Taktik der Schlange wird offenkundig: Sie schürte in der Frau raffiniert und hinterhältig Misstrauen gegenüber Gott. Eva ging dann durch den Kopf: *„Also Gott hat uns nicht die ganze Wahrheit gesagt, er hat uns betrogen!"* Und sie, statt eine solche Einflüsterung aus Vertrauen zu Gott sofort abzuwehren, hing diesem Gedanken nach. Das war der Anfang der Sünde: sich bei der Versuchung der Schlange aufzuhalten! *„Da sah die Frau, das es köstlich wäre, von dem Baum zu essen, dass der Baum eine Augenweide war und dazu verlockte, klug zu werden"*, so die Genesis. *„Sie nahm von seinen Früchten und aß, sie gab auch ihrem Mann, der bei ihr war, und auch er aß"* (Gen 3,6). Mit diesem Bild beschreibt die Genesis den Weg zur Sünde, die wir als Erbsünde bezeichnen. Der Mensch wollte wie Gott sein. Nur Kind Gottes sein, nur an der Gottheit Anteil zu haben, war ihm zu wenig. Der Kern der

Sünde war offensichtlich das Misstrauen gegenüber Gott: *„Also hat Gott uns betrogen, uns klein gehalten, damit er allein Gott ist."* Das war die Sünde, die die Menschheit in den Sumpf trieb.

Die Schlange ist bekanntlich ein Bild für den Teufel. Sie war, so die Genesis, *„schlauer als alle Tiere des Feldes"* (Gen 3,1), doch nicht schlauer als der Mensch. Als Teilhaber an der göttlichen Natur und als Inhaber eines hohen Intelligenzquotienten besaß der Mensch der Schöpfung alle nötigen Mittel, um der Versuchung zu widerstehen. Das Versagen des Menschen war darum voll verantwortlich und jedenfalls nicht von Gott gewollt. Wenn es allein an Gott gelegen hätte, wäre der Mensch unversehrt geblieben bis in Ewigkeit.

Versucht wurde der Mensch also durch den Teufel. Zunächst wurde die Frau versucht. Die Frau willigte in die Versuchung ein und verführte den Mann, der ebenfalls in die Versuchung einwilligte. Diesem Sachverhalt liegt eine wichtige Erkenntnis über die Frau-Mann-Beziehung zugrunde, auf die wir in einem anderen Kontext bereits hingewiesen haben, nämlich dass die Frau einen großen Einfluss auf den Mann hat. Weil der Teufel das wusste, hat er sich an die Frau gewandt, nicht an den Mann, denn es war ihm klar, dass wenn er die Frau gewinnt, er auch den Mann gewonnen hat.

Wer ist dieser Teufel, der unsere Stammmutter und mit ihr uns alle ins Verderben gebracht hat? Um diese Frage zu beantworten, müssen wir etwas weiter ausholen. Bevor Gott den Menschen schuf, hatte er rein geistige Geschöpfe erschaffen, Wesen ohne jeglichen Anteil an der Materie. Sie nahmen an der Fülle der Gottheit teil, wussten sich von Gott geliebt und erwiderten diese Liebe von Herzen. Sie zollten dem Schöpfergott eine tiefe Dankbarkeit und beteten ihn an. Denn sie wussten, dass der hervorragende Zustand, in dem sie sich befanden, ein völlig unverdientes Geschenk der Großzügigkeit Gottes war. Wir nennen diese Wesen

Engel. Und nun kam es, wie es auch später bei den Menschen sein würde, dass sie, die, ähnlich wie Gott, frei waren, zu ihrer Beschaffenheit als reine geistige Geschöpfe Stellung nehmen mussten. Sie mussten also erklären, ob sie ihre Beschaffenheit als Engel annahmen oder ablehnten. Und nun geschah es, dass einige der Engel unter der Führung eines gewissen Luzifers ihre Beschaffenheit als Engel nicht annehmen wollten, weil sie nicht bereit waren, Gott als obersten Herrn anzuerkennen. Sie wollten niemanden über sich haben. Und darum rebellierten sie gegen Gott. Durch diese horrende Sünde mutierten diese Engel auf der Stelle in Dämonen. Ein Dämon ist ein gescheiterter Engel. Und seitdem kämpfen sie gegen Gott, denn sie sind gekränkt, ihr Ansinnen, mehr zu sein als Gott, nicht durchgesetzt zu haben. Und weil sie gegen Gott ohnmächtig sind, führen sie Krieg gegen diejenigen, *„die den Geboten Gottes gehorchen und an dem Zeugnis für Jesus festhalten"*, wie es in der Offenbarung des hl. Johannes heißt (vgl. Offb 12,17).

Im Buch der Offenbarung des hl. Johannes, auch Apokalypse genannt, werden wir darüber informiert, dass, als es darum ging, Stellung zu nehmen zur eigenen Beschaffenheit als Engel, eine starke Auseinandersetzung im Kreise der Engel entstanden sei, bei der sich eine Gruppenbildung ergeben hat: Einige Engel – sicher die Mehrheit – unter der Führung des hl. Erzengels Michael akzeptierten dankbar ihre Beschaffenheit als Engel und wurden dadurch auf ewig als solche von Gott bestätigt. Eine andere Gruppe unter der Führung vom Luzifer schlug das Angebot Gottes aus, brach jegliche Beziehung zu ihm ab und ließ sich völlig irrational von Groll und Hass gegen Gott erfüllen (vgl. Offb 12,7-8). Folge davon war, dass sie, wie gesagt, zu Dämonen wurden (vgl. Offb 12,9). Der Teufel ist also ein ehemaliger Engel, der eines Tages gegen Gott rebellierte und dadurch eine tiefgehende Veränderung zum Bösen erfuhr. Diese Veränderung war keine Strafe Gottes, sie war selbst herbeigeführt. Der KKK sagt dazu wörtlich: *„Die Teufel und die anderen Dämonen wurden zwar von Gott ihrer Natur nach gut geschaffen, sie wurden aber selbst durch sich böse."*[23]

Weil die Engel reine Geister sind, sind sie unsterblich. Das leuchtet ein. Unser Glaube bekennt tatsächlich, dass die Engel im Himmel auf ewig leben. Dort genießen sie in der Gegenwart des geliebten Gottes ihre beglückende Beschaffenheit und erhalten von Gott manche Aufträge zu Gunsten der Menschen. So war es z.B. nicht Gott persönlich, sondern ein Engel – Gabriel –, der Maria die Botschaft brachte, die Zeit für den Beginn der Erlösung sei erfüllt (vgl. Gal 4,4). Und die Schutzengel haben den Auftrag erhalten, die einzelnen Menschen auf ihrem Lebensweg zu beschützen. Worin die Engel jedoch vorwiegend aufgehen, das ist, im Himmel die Freude zu genießen, Freunde Gottes zu sein, was ein anderes Wort für Anbetung ist.

Die Umwandlung der sündigen Engel zu Dämonen brachte es zwangsläufig mit sich, dass sie *„ihren Platz im Himmel verloren haben"* (Offb 12,8). Sie konnten dort nicht mehr bleiben. Sie wurden vom Himmel *„hinabgeworfen"* (Offb 12,9). Wohin sind sie gegangen? Sie mussten weiterleben, weil sie als Besitzer einer geistigen Natur unsterblich sind, doch nicht im Himmel, der der *„Ort"* für die Freunde Gottes ist. So musste für sie ein *„Ort"* bereitgestellt werden, wo sie ihren Hass auf Gott und auf das Göttliche im Menschen auf ewig weiterleben können. Dieser Ort ist die Hölle. Die Hölle ist also das Zuhause der Teufel, der Ort, in dem Gott gehasst wird und Pläne geschmiedet werden, um die Menschen in Versuchung zu führen (vgl. Offb 12,9). Die Hölle ist der perspektivloseste Ort überhaupt, der Ort ohne jegliche Hoffnung. Dante Alighieri lässt in seinem weltberühmten Werk *„La divina commedia"* (Die göttliche Komödie) an der Türschwelle

---

23 Ebd., 391

der Hölle die Inschrift anbringen: *„Ihr, die ihr hier eintretet, lasst alle Hoffnung fahren."*

Dieser Luzifer ist die Schlange, die den Menschen verführte und damit das Unglück auf die Erde brachte (vgl. Offb 12,9). Man kann sich gut vorstellen, wie sehr der Teufel sich über das Versagen der Stammeltern gefreut hat. Denn er hatte gerade das Meisterwerk der Schöpfung, das war ja der Mensch, in seinem Kern getroffen. Das Meisterwerk Gottes war geschlagen! So ein Triumph gegen Gott! Der Teufel genoss seinen Sieg. Doch er hat sich zu früh gefreut, denn als der Schöpfergott den Menschen in seiner Erbärmlichkeit sah, hat er Mitleid mit ihm empfunden und versprochen, einen Erlöser auf die Erde zu senden, damit er die Menschen aus ihrer misslichen Lage befreit und ihnen im Grunde jenen Zustand wieder gibt, in dem sie erschaffen worden waren. Vom Mitleid mit dem gefallenen Menschen erfüllt, wandte sich der Schöpfer an die Schlange und sagte zu ihr: *„Feindschaft setze ich zwischen dich und die Frau, zwischen deinen Nachwuchs und ihren Nachwuchs. Er trifft dich am Kopf und du triffst ihn an die Ferse"* (Gen 3,15). In diesen Worten steckt die Verheißung eines Erlösers verborgen, der eines Tages den beglückenden Zustand des Menschen der Schöpfung wiederherstellen wird. Diese Worte der Genesis über die Feindschaft zwischen dem Teufel und der Frau mögen überraschen. Wieso spricht man hier von der Frau, die den Teufel zur Strecke bringen wird? Die einzige Frau, die es damals gab, war Eva, und diese war gerade vom Teufel überlistet worden. Wie kann man unter diesen Umständen vom Sieg der Frau über den Teufel sprechen? Nein, diese Frau kann nicht Eva sein. Es muss um eine andere Frau gehen, vor der der Teufel offenbar machtlos sein wird. In der Apokalypse, dem letzten Buch der Heiligen Schrift, wird die Feindschaft zwischen dieser Frau und dem Teufel (vgl. Gen 3,15) in bildlicher Sprache dokumentiert: *„Als der Drache – die alte Schlange, die Teufel oder Satan* *heißt – erkannte, dass er auf die Erde gestürzt war, verfolgte er die Frau, die den Sohn geboren hatte. Aber der Frau wurden die beiden Flügel des großen Adlers gegeben, damit sie in die Wüste an ihren Ort fliegen konnte. Dort ist sie vor der Schlange sicher. … Die Schlange spie einen Strom von Wasser aus ihrem Rachen hinter der Frau her, damit sie von den Fluten fortgerissen werde. Aber die Erde kam der Frau zu Hilfe; sie öffnete sich und verschlang den Strom, den der Drache aus seinem Rachen gespien hatte. Da geriet der Drache in Zorn über die Frau und er ging fort, um Krieg zu führen mit ihren übrigen Nachkommen, die den Geboten Gottes gehorchen und an dem Zeugnis für Jesus festhalten. Und der Drache trat an den Strand des Meeres*" (Offb 12,13-18).

Diese Frau ist offensichtlich Maria, sie wird vom Teufel gehasst, weil sie das Kind geboren hat, das die **Erlösung auf die Erde bringen wird.** Vor dieser Frau ist der Teufel offenbar total ohnmächtig. Diese Erkenntnis erklärt, warum die Christen sich bei Versuchungen und Einflüsterungen des Teufels an Maria wenden, unter ihrem Mantel Zuflucht suchen. Denn – wo Maria ist, da schlägt der Blitz des Teufels nicht ein.

Der soeben zitierte Text der Apokalypse spricht auch davon, dass der Teufel, als er seine Ohnmacht gegenüber der Frau merkte, sich auf den Weg gemacht hat, diejenigen, die „*den Geboten Gottes gehorchen und Zeugnis für Christus ablegen*" (vgl. Offb 12,17) zu versuchen. Darum pflegen die Christen, die das wissen, auf Distanz zum Teufel zu gehen und sich auf gar keinen Dialog mit ihm einzulassen. Das war ja der naive Fehler von Eva, der der Sünde vorausging: Sie ließ sich auf einen Dialog mit dem Teufel ein.

Die Verheißung eines Erlösers – ein Sohn der Frau! – war für den gefallenen Menschen ein Silberstreif am Horizont. Irgendwann würde sich das Blatt wenden und der Mensch würde dann wieder einmal so sein, wie er vom Schöpfergott erschaffen worden war. Der Mensch durfte also hoffen. Das ist viel, doch dieses Versprechen Gottes änderte zunächst nichts daran, dass der Mensch die Folgen der Erbsünde an sich tragen musste. Solange die Erlösung nicht ganz vollzogen ist – und sie wird erst nach dem Tode des Menschen vollzogen! –, ist der Mensch diesen Folgen zwangsläufig unterworfen. Doch er braucht nicht zu verzweifeln, denn Gott hält, was er verspricht, und gibt darum jedem Einzelnen alle notwendigen Mittel an die Hand, um sich zu Lebzeiten von Christus persönlich erlösen zu lassen. Aus dem Menschen der Sünde wurde so der Mensch der Hoffnung. Und das sind wir alle, bis der Tod uns einfängt, denn *„wir sind erlöst, doch in der Hoffnung"* (Röm 8,24).

Kapitel V.

Wie Gott auf die Sünde
des Menschen reagierte

Wie hat der Schöpfergott auf die Sünde des Menschen reagiert? Um diese Frage eingehend zu beantworten, müssen wir etwas ganz Verwegenes tun, nämlich uns in das innerste Innere Gottes hineinwagen. Tun wir das, dann stellen wir fest, dass Gott tatsächlich ganz Liebe ist, dass es in ihm nichts gibt, was nicht Liebe wäre. Den Menschen hat er nur deswegen erschaffen, damit auch er Liebe erfährt und in der Liebe aufgeht. Die Liebe Gottes zu den Menschen war unermesslich. Und Gott freute sich auf ein Zusammenleben mit den Menschen in der Schöpfung, die er letztlich um ihrer selbst willen ins Dasein geholt hatte.

Nun kam es bekanntlich leider anders als von Gott gedacht und geplant. Der Mensch schlug die herrliche Verfasstheit, die Gott ihm geschenkt hatte, in den Wind, trennte sich bewusst von Gott und beschloss, ein Leben ohne Gott zu führen. Der Teufel hatte ihm vorgegaukelt, ohne Gott sei er erst richtig frei. Und er ging ihm dummerweise auf den Leim. Der Plan Gottes war damit gescheitert. Wie reagierte Gott darauf? Das ist die Frage, die wir uns nun stellen wollen. Ich stelle mir das so vor: Gott schaute sich den abtrünnigen Menschen an – ich rede ja nur menschlich – und *„verstand die Welt nicht mehr"*. Wie kann man so etwas tun? Wie kann man sich freiwillig in das Unglück hineinstürzen, wenn man weiß, dass man dazu erschaffen war, *„Hausgenosse Gottes"* zu sein und ein in jeder Hinsicht uneingeschränkt glückliches Leben zu führen? Wie kann man den Überfluss an Gutem, mit dem Gott den Menschen beschenkt hatte, mit Misstrauen und Verdacht auf Herrschsucht ihm gegenüber vergelten? Die Erbsünde war viel mehr als nur eine sittliche Verfehlung, mehr als eine im Grunde nur grobe Ungezogenheit. Sie war eine bewusste Ablehnung der Vorrangstellung Gottes, eine Unabhängigkeitserklärung der Menschheit gegenüber Gott. Mit ihrer Ablehnung der von Gott für sie vorgezeichneten Struktur haben unsere Stammeltern voll bewusst das Rad der Geschichte umdrehen wollen. Nicht Gott, sondern sie selber sollten das Zepter in der Hand haben. Das war es, was die Stammeltern wollten, nachdem sie auf die Seite des Teufels übergelaufen waren, sie wollten bewusst Gott entthronen. Luzifer – die Schlange (vgl. Offb 12,9) – hatte in ihren Herzen Misstrauen gegen Gott gesät. Sie übernahmen die verlogene Einschätzung des Teufels, Gott habe sie bewusst getäuscht, um konkurrenzlos Allherrscher in der Schöpfung zu bleiben. Vor diesem Hintergrund ist es sogar nicht auszuschließen, dass Adam und Eva, nachdem sie auf die Versuchung eingegangen waren, eine böse innere Freude gespürt und genossen haben, Gott *„einen Strich durch die Rechnung gemacht zu haben"*. Vielleicht haben sie sich auch an einem üblen Erhabenheitsgefühl gegen Gott ergötzt: *„Du hast uns täuschen wollen, weil du deine Vorrangstellung nicht abgeben wolltest, dabei hast du uns aber unterschätzt, denn wir sind hinter deine Absichten gekommen und haben uns entschlossen, selber den ersten Platz zu übernehmen."*

Haben die Stammeltern gewusst, dass sie durch ihre Entscheidung gegen Gott ihre Nachkommenschaft mit ins Boot der Emanzipation von Gott nahmen? Oh ja! Denn dem Teufel ging es nicht nur um diese beiden, Adam und Eva, sondern um die gesamte Menschheit, um alle Menschen überhaupt. In seinem Hass gegen Gott und seine Werke witterte er darin große Erfolge, an denen er sich voll ergötzen wollte. Wie dem auch sei, es ist davon auszugehen, dass unsere Stammeltern – wohl unter dem

Einfluss des Teufels – beim Eingehen auf die Versuchung gemeint haben, durch ihren Schritt, Gott den ersten Rang abgetrotzt zu haben, hätten sie ihren Nachfahren etwas Wertvolles ermöglicht, nämlich, dass niemand – nicht einmal Gott – über ihnen stünde. *„Ihr werdet wie Gott sein"*, hatte der Teufel gesagt (Gen 3,5).

Und – was geschah, als unsere Stammeltern sich voll bewusst von Gott trennten? Da war bei ihnen plötzlich aller Glanz erloschen. Mann und Frau *„schrumpften"* sozusagen zusammen, sie verloren ihren Glanz, ihre Würde, ihre Schönheit. Aus Giganten wurden Zwerge. So ungefähr wirkte im Menschen die Erbsünde: Der Mensch sank in sich zusammen und wurde ein ganz gewöhnliches Geschöpf. Der Glanz seiner ursprünglichen geistigen Spritzigkeit, noch genauer: die aus seiner Gottebenbildlichkeit hervorgehende Größe und Würde, waren verschwunden. Es war das Aus der gewesenen vollendeten Vollkommenheit.

Die Genesis beschreibt den erbärmlichen Zustand des einst herrlich aussehenden Menschen mit dem Bild der Nacktheit. Nach der Sünde habe der Mensch sich angeschaut und festgestellt, er habe nichts mehr an. Er war *„nackt"* (Gen 2,25). Und das stimmte aufs Wort, denn gerade das Schönste an ihm, nämlich seine innige Verbundenheit mit Gott, war weg. Und der Mensch ohne Gott ist eben *„nackt"*, denn Gott gehört ja konstitutiv zum Menschen[24]. Durch die Sünde wurde der Mensch wurzellos.

In diesem heruntergekommenen Zustand stand der Mensch also nun vor dem Schöpfergott da. Was empfand Gott, als er den Menschen zum ersten Mal nach der Sünde in einem derartig mi-

---

24 „Der Mensch ist von Gott und für Gott erschaffen" (KKK, 27). Zu der von der Wurzel des Menschseins her kommenden Verbindung zwischen dem Menschen und Gott hat Romano Guardini einmal gesagt: *„Der Mensch ist Mensch nur in der Beziehung zu Gott. Das ‚Von-Gott-her' und ‚Auf-Gott-hin' begründet sein Wesen"* (in: Romano Guardini: Den Menschen erkennt nur, wer von Gott weiß, 6. Aufl., S. 49).

serablen Zustand sah? Ärger? Wut? Rache? Oder vielleicht Kälte, Desinteresse, Gleichgültigkeit? Oder vielleicht eine eisige, rein formaljuristische Gerechtigkeit nach dem Motto: *„Was du dir eingebrockt hast, muss du selber auslöffeln"*? Nein, so reagierte Gott nicht. Er suchte vielmehr das Gespräch mit Adam und Eva. Er geht auf sie zu. *„Adam, wo bist du?"* (Gen 3,10), ruft der Schöpfergott im Paradies. Er will mit ihm in aller Ruhe sprechen und ihm sagen, wie falsch er gehandelt hat und welche Konsequenzen sich für ihn und für seine Nachkommenschaft daraus ergeben. Klipp und klar sagt er den Stammeltern, ihre vorzügliche Position in der Schöpfung hätten sie leider verspielt. Das bedauere er sehr. Nun müsse man die Karten neu mischen. Denn es habe sich in ihnen durch die Sünde eine tiefgreifende Veränderung ergeben, und zwar eine seinsmäßige, eine metaphysische Veränderung. Nichts sei jetzt wie früher.

Der Schöpfergott hielt den Stammeltern keine Vorlesung, zeigte ihnen aber manche Veränderungen, die auf die grundlegende Umwandlung hinwiesen, die sich in ihnen durch die Sünde vollzogen hatte. So müssten sie von da an im Schweiße des Angesichts das Brot verdienen, die Frau würde ihre Schwangerschaften mit Mühsal erleben, und ihre Beziehung zueinander würde von Zwietracht, Herrschsucht und ungesättigtem Verlangen heimgesucht (vgl. Gen 3,16-20). Das sind nur ein paar Beispiele, die klar unter Beweis stellen, dass der Mensch durch die Sünde bis in den Kern seiner Verfasstheit tief getroffen und zum Negativen verändert wurde. Ja, der Zustand des Menschen nach der Sünde war wirklich verheerend, denn der Mensch hatte sich freiwillig und darum voll verantwortlich selber von seinen Wurzeln abgeschnitten. Wenn eine Pflanze von ihren Wurzeln abgeschnitten wird, dann geht sie ein, verwelkt und stirbt. Der Mensch war nun durch die Sünde ein verändertes Wesen geworden. Am augenfälligsten war, dass er nunmehr sterblich geworden war, und zwar ohne jegliche

Hoffnung auf Auferstehung und Weiterleben in einer anderen Welt. Die Zukunft des Menschen war somit – gleich den anderen lebenden Geschöpfen in der Tierwelt – die Verwesung auf ewig nach einer limitierten Lebenszeit auf Erden. Nach Ablauf dieser begrenzten Zeit auf Erden müsste der Mensch sterben, und zwar für immer, wie alle Tiere und Pflanzen der Schöpfung auch. Keine Auferstehung der Toten also, keine Wiederkehr, gar nichts. Nur Verwesung. Schluss. Ende.

So eine Zukunft für den Menschen wollte Gott jedoch auf keinen Fall haben, er brachte es nicht übers Herz. Offenbar liebte Gott den Menschen auch nach der Sünde. Wie ein Vater bzw. eine Mutter ihr Kind weiterhin liebt, auch nachdem es etwas sehr Kostbares unwiederbringlich vernichtet hat, z.B. wenn es eine herrliche und superteure Vase auf den Boden fallen ließ, die die Eltern als Wirtschaftsrücklage für einen eventuellen finanziellen Engpass aufbewahrten. Die Eltern sind natürlich betrübt, traurig, vielleicht sogar verzweifelt, es mag sogar sein, dass sie das Kind bestrafen, es ausschimpfen, doch sie geben ihre Vaterschaft bzw. Mutterschaft nicht auf. Und dennoch – trotz der Liebe der Eltern zu dem Kind – ist und bleibt die zerstörte Vase unwiderruflich kaputt. Die Eltern verzeihen zwar dem Kind sein Fehlverhalten, die Vergebung bringt die Vase jedoch nicht in den alten Zustand zurück. Kaputt ist kaputt. Und ungefähr so ist es mit Gott und dem sündigen Menschen. Durch die Sünde hat der Mensch die herrliche Verfasstheit der menschlichen Natur zerschellen lassen. Das ist nicht mehr rückgängig zu machen. Das Kind kann es bereuen, dass es die Vase auf den Boden fallen ließ, die Eltern können ihm die Tat vergeben, doch die Vase bleibt unwiderruflich kaputt. Als Gott die Sünde der Stammeltern, die die Sünde der menschlichen Natur war, sehen musste, war er nicht erzürnt, er griff nicht zu Strafen, wurde nicht böse, reagierte nicht irrational, doch er litt unsagbar, nicht seinetwegen, sondern des Menschen wegen, denn dieser war ein bedauernswertes Wesen geworden. Gott war also betrübt, sicher auch tief enttäuscht. Denn er hatte geplant, mit dem Menschen in tiefer Freundschaft ewig zusammenzuleben. Und das war nun endgültig vorbei. Als gottähnliches Wesen und als der Familie Gottes zugehörig, sollte der Mensch den Tod nicht kennen, denn die Kinder Gottes können nicht sterben, sie nehmen ja an der Gottheit teil, die selbstverständlich unsterblich ist. Und nun kam es doch ganz anders[25].

Also empfand Gott ein tiefes väterliches und zugleich mütterliches Mitleid mit dem sündigen Menschen. Was nun tun? Die Sünde übersehen, „Schwamm drüber" sagen und zur Tagesordnung übergehen? Das ging aber nicht, vor allem deswegen, weil der heruntergekommene Zustand des Menschen nach der Sünde keine Strafe Gottes im eigentlichen Sinne war. Nein, der Zustand des Menschen nach der Erbsünde war vielmehr, wie bereits gesagt, die Folge der Degeneration der menschlichen Natur. Diese Degeneration war ein Fakt, der so wenig ungeschehen gemacht werden konnte, wie die Vase unserer Geschichte heil gemacht werden kann, so als wäre nichts passiert. Um dies tiefer zu verstehen, muss man sich eines ins Gedächtnis rufen, nämlich dass jede sündhafte Handlung zwei Seiten hat: zum einen die Tat, zum anderen die Schuld. Die Tat ist unumkehrbar; die Schuld aber, d.h. die Sünde bzw. die moralische Verantwortung, kann vergeben werden und

---

25 Hier steckt das große Geheimnis der Freiheit. Die Entscheidung des Menschen zum Bösen mindert die Macht Gottes nicht, denn auch dann folgt der sündige Mensch letztlich dem Plan Gottes, der ihm die Freiheit geschenkt hat, ohne die er sich nicht zum Bösen hätte entscheiden können (aber auch nicht zum Guten!). Kurz vor seinem Rücktritt als Papst hat Benedikt XVI. ein Wort gesprochen, das hierzu aufklärend wirkt und eine Perspektive zum Verständnis vieler beim ersten Betrachten schwer zu deutender Geschehnisse und Ereignisse erschließt. Sinngemäß sagte er: *„Die Macht Gottes reicht so weit, dass er sich die Hände von den freien Entscheidungen der Menschen hat binden lassen wollen."*

hört dadurch auf zu existieren.[26] Der barmherzige Gott vergibt die Schuld, die Tat aber, die die Sünde bewirkt hat, ist nicht aus der Welt zu schaffen, auch nicht deren zwangsläufige Folgen. Was geschehen ist, kann nicht ungeschehen gemacht werden. Eine kleine Anekdote möge dies augenfällig machen. In einer Grundschule im Westfälischen nahe der holländischen Grenze erklärte die Religionslehrerin den Schülern und Schülerinnen einmal die Wirkung der Beichte als das Sakrament der Vergebung. Nach ihren Ausführungen wollte sie sich vergewissern, ob die Kinder sie verstanden hatten. Sie ging an die Tafel und schrieb das Wort *„Sünde"*. Dann bat sie einen Jungen heranzutreten und fragte ihn: *„Was geschieht nach der Beichte?"* Der Junge griff geschwind nach der Kreide und strich das Wort *„Sünde"* durch. Die Lehrerin sagte: *„Falsch"*! Dann bat sie eine Schülerin, an die Tafel zu gehen und stellte ihr die gleiche Frage. Das Mädchen nahm den Schwamm in die Hand und wischte das Wort *„Sünde"* vollständig aus. Die Lehrerin sagte: *„Richtig"*! Gott vergibt tatsächlich die Schuld, so dass sie nach der Vergebung gar nicht mehr existiert. Denn Gott ist die Barmherzigkeit schlechthin.

Die Tat, die die Sünde bewirkte, bleibt aber auch nach der Vergebung der Schuld bestehen. Dass die Tat durch die Vergebung nicht ungeschehen gemacht wird, ist keine Strafe, auch zeugt es keineswegs von Härte, Unbarmherzigkeit oder Ähnlichem auf der Seite Gottes. Die Eltern können ihrem Kind vergeben, dass es die wertvolle Vase auf den Boden fallen ließ, die Vergebung bewirkt jedoch nicht – ich wiederhole mich –, dass die Vase durch die Vergebung plötzlich wieder heil wird. Es sind zwei verschiedene Ebenen. Und ungefähr so ist es auch mit der Erbsünde. Gott will

---

26 *„Ich spreche dich von deinen Sünden los"*, sagt Jesus Christus durch den Priester jedem reuigen Sünder, der ihn um Vergebung bittet. Also ist die Sünde nach der Beichte weg. Die Sündentat wird dadurch jedoch nicht ungeschehen gemacht.

dem Menschen die Sünde vergeben, doch die Entstellung, die diese im Menschen verursacht hat, wird durch die Vergebung nicht heil. Den einstigen Glanz hat der Mensch tatsächlich verloren. Er war nackt, besaß also nichts. Was aus dem Menschen nach der Sünde zurückblieb, war eher unförmig und unschön. Die Sünde der Stammeltern hat den Menschen grundlegend verändert, und zwar nicht nur moralisch, sondern auch metaphysisch, d.h. dem Sein nach.

Bei diesem Erkenntnisstand und vor dem Hintergrund dessen, dass Gott als guter Vater die Sünde des Menschen vergeben will, stellt sich nun die Frage: Wie geht das konkret vor sich? Wie kann der Mensch zur alten Glorie zurückfinden, wenn er tatsächlich entstellt ist? Ein Beispiel aus dem gewöhnlichen Leben kann erhellend wirken. Was macht man mit einem alten Gebäude, das marode und unbewohnbar geworden ist, voller Risse dasteht und ziemlich heruntergekommen ist? Man kann es natürlich dem Boden gleich machen und etwas ganz anderes auf dem Grundstück bauen. Dann wäre das alte Gebäude ganz verschwunden, nichts von ihm bliebe zurück. Man kann aber auch das marode Gebäude unter Beibehaltung mancher noch stehender Bauelemente grundsanieren, d.h. es praktisch neu entstehen lassen. Man muss nur hart an ihm arbeiten. Dann entsteht tatsächlich ein neues Gebäude mit Restelementen des alten. Und so ungefähr ist der barmherzige Schöpfergott mit dem marode gewordenen Menschen verfahren.

Unter Beibehaltung der durch die Sünde doch stark angeschlagenen menschlichen Natur sollte ein neuer Mensch entstehen, der die gleiche Würde und Größe des alten Menschen der Schöpfung – d.h. des Menschen vor der Sünde – haben sollte. Und – wie ging das vor sich? Da hilft der Vergleich mit dem maroden Gebäude weiterhin. Eine Sanierung des alten Gebäudes ist durchaus möglich, doch dafür muss man viel daran arbeiten! Je mehr desto verkommener das Gebäude geworden war. Und das ist es eben, was der Schöpfergott mit dem gefallenen Menschen vorhatte und auch beschloss. Der neue Mensch sollte seine einstige Würde und Qualität wieder erhalten, ja noch mehr: So wie es im Falle der Sanierung des alten Gebäudes gehandhabt wird, dass im neuen Gebäude manche Feinheiten und Bereicherungen eingebaut werden, so sollte auch der neue Mensch noch einige *„Verbesserungen"* erhalten.

Die Liturgie des Weihnachtsfestes bringt dies zum Ausdruck mit folgenden Worten: *„Allmächtiger Gott, du hast den Menschen in seiner Würde wunderbar erschaffen und noch wunderbarer wieder hergestellt"* (Tagesgebet, Messe „Am Tag").

Also entschied Gott, den Menschen nicht fallenzulassen, sondern ihn, unter Beibehaltung einiger Restelemente seiner alten Verfassung, neu entstehen zu lassen und ihn so in dem Zustand wiederherzustellen, in dem er erschaffen worden war. Als der gefallene Mensch diese barmherzige Entscheidung des Schöpfergottes wahrnahm, konnte er verständlicherweise tief aufatmen. Denn sie bedeutete, dass er von der misslichen Lage, in der er sich befand, erlöst, d.h. befreit werden sollte. Auf den Punkt gebracht: Die Erlösung, die er dank der Vergebung Gottes eines Tages erfahren sollte, würde ihm von dem ewigen Tod befreien, er müsste also nicht mehr in die endgültige Verwesung eingehen. Diese Perspektive erfüllte ihn mit einer tief dankbaren Hoffnung. Diesen neuen Menschen, der auf Geheiß Gottes dank der Erlösung entstehen sollte, nennt man den Menschen der Erlösung. Ihn nennt der hl. Paulus *„eine neue Schöpfung"*. *„Das Alte ist vergangen, Neues ist geworden"* (2 Kor 5,17), fügt er noch hinzu. Wie ist das gemeint? Der Vergleich mit dem maroden Gebäude lässt uns dies verstehen. So wie der Bau eines neuen Gebäudes unter Beibehaltung einiger Bauelemente des alten letztlich eine Grundsanierung des alten Gebäudes ist, so ist es auch mit der neuen Schöpfung. Der neue Mensch ist der „*sanierte Mensch*", so etwas wie eine zweite, verbesserte Auflage des Menschen der Schöpfung[27].

Der sanierte Mensch! Wie geht das vor sich? Wie wird der durch die Erbsünde entstellte Mensch saniert, so dass an seiner Stelle der erlöste Mensch entsteht? Der Vergleich mit dem maroden Gebäude kann uns hierzu weiterhelfen. Die defekten Stellen des alten Gebäudes werden einzeln repariert bzw. evt. ersetzt. Dafür sind Hammerschläge, Bohren, Schleifen und dergleichen mehr notwendig. Es entstehen Staub und Lärm, Manches muss man wegschaffen und Neues herholen, neue Teile müssen befestigt, Kräne evt. herangeschafft werden etc. Das kostet Mühe und Anstrengung, Schweiß und mühsame Ausdauer. Es verlangt nach sorgfältiger und durchdachter Planung, so ein Umbau entsteht ja nicht von allein.

Auf den Menschen übertragen, heißt es, die Reparaturen am Menschen bewirken zwangsläufig Schmerz, Leiden, Unannehmlichkeiten, Einschränkungen. Und so erkennen wir mit einem Mal, dass das Leiden, der Schmerz, die Müdigkeit, die Widrigkeiten, Schwierigkeiten, Unannehmlichkeiten und Ähnliches mehr, die einen jeden Menschen gelegentlich heimsuchen, keine Zufälle sind, sondern vielmehr sozusagen das Echo der Reparaturarbeiten am Menschen der Sünde, damit in uns eines Tages der neue Mensch im vollen Glanz wieder erscheinen kann. Diese Überlegung lässt uns erkennen, dass die Widrigkeiten des Lebens, von denen kein einziger Mensch verschont bleibt, für den Gläubigen doch einen Sinn haben, nämlich dass in uns gerade etwas repariert wird, damit eines Tages an der Stelle des Menschen der Sünde der neue Mensch erscheine, der erlöste Mensch. Diese Einschätzung

---

27 „Allmächtiger Gott, du hast den Menschen in seiner Würde wunderbar erschaffen und noch wunderbarer wiederhergestellt" (Tagesgebet am Weihnachtstag).

ist sehr wichtig, um den Sinn des Leidens des Menschen auf Erden zu verstehen. Wer diesen Sinn verstanden hat, der stöhnt nicht vor dem Leiden, denn er weiß ja, dass so lange er auf Erden ist, er in der Werkstatt der Erlösung ist, aus der er eines Tages wie ein Phönix aus der Asche voller Kraft, Energie und Lebenserfüllung hervorgehen wird, um jene Wohnung im Hause des himmlischen Vaters zu beziehen, die Gott laut Aussage Jesu für uns im Himmel bereits eingerichtet hat (vgl. Joh 14,2). Das Versprechen Jesu, dass er für uns eine Wohnung im Hause des Vaters vorbereitet hat, macht deutlich, dass die Erlösung des Menschen, d.h. die vollständige Umgestaltung des alten in den neuen Menschen erst in der Ewigkeit vollendet sein wird. Solange wir auf Erden sind, sind wir noch nicht vollendet. Der Heilige Geist arbeitet in uns und an uns geduldig und pausenlos auf unsere Umgestaltung in den neuen Menschen hin. Darum sagt der hl. Paulus, dass wir zwar *„gerettet sind, doch in der Hoffnung"* (Röm 8,24).

Zusammengefasst: Die Umgestaltung des Menschen der Sünde[28] in den erlösten Menschen ist ohne Reparaturarbeiten nicht möglich, genauso wie es unmöglich ist, aus einem maroden Gebäude ein neues, schöner aussehendes entstehen zu lassen, ohne am alten zu arbeiten. Das Leiden, das diese Arbeiten an uns verursachen, ist keine Strafe eines erzürnten Gottes, sondern

---

28 Wir dürfen nicht vergessen, dass wir von Jesus Christus zwar erlöst worden sind, doch die Erlösung ist uns erst nach dem Tode gesichert. Bis dahin müssen wir an uns selber arbeiten. Es ist eine Erfahrungstatsache von uns allen, dass die Sünde auf uns lauert. Der hl. Paulus hat es an sich selber beobachtet und berichtet im Römerbrief ausführlich davon: *„In meinem Innern freue ich mich am Gesetz Gottes, ich sehe aber ein anderes Gesetz in meinen Gliedern, das mit dem Gesetz meiner Vernunft im Streit liegt und mich gefangen hält im Gesetz der Sünde, von dem meine Glieder beherrscht werden. Ich unglücklicher Mensch! Wer wird mich aus diesem, dem Tod verfallenen Leib erretten? Dank sei Gott durch Jesus Christus, unseren Herrn. Es ergibt sich also, dass ich mit meiner Vernunft dem Gesetz Gottes diene, mit dem Fleisch aber dem Gesetz der Sünde"* (Röm 7,21-25).

die zwangsläufige Konsequenz der Umgestaltung des alten in den neuen Menschen, eine Umgestaltung, die, wie jede andere Umgestaltung auch, nur mit Mühe, Anstrengung und Leiden möglich ist.

Wer dies einmal verstanden hat, der ist in der glücklichen Lage, beim Erleben von Widrigkeiten jeglicher Art, sich darauf zu besinnen, dass an ihm gerade Reparaturen durchgeführt werden, damit er eines Tages die glänzende Gestalt eines erlösten Menschen annehmen kann. Die Wahrnehmung der eigenen Gebrechlichkeit lässt uns erfahren, dass wir doch nicht *„wie Gott sind"* (vgl. Gen 3,5). Diese Einsicht – dass man nicht mit Gott auf der gleichen Stufe steht –, ist die Einsicht der Demut[29]. Und Demut ist es, was Erlösung geradezu ermöglicht. Erlösung kann nur geschehen, wenn der Mensch den Vorrang Gottes anerkennt.

Kehren wir aber zu den nötigen Reparaturarbeiten am Menschen zurück. An welchen Flächen des Menschseins müssen solche Reparaturarbeiten durchgeführt werden? Die Antwort lautet: an allen. Denn durch die Erbsünde wurde der gesamte Mensch entstellt. Darum muss am gesamten Menschen gearbeitet werden. Der gesamte Mensch! Was ist das, der gesamte Mensch? Einen scharfen Blick auf das Menschsein als solches zeigt, dass Gott dem Menschen bei seiner Erschaffung drei konstitutive Komponenten mit auf den Weg seines Seins gab. Ähnlich wie es bei der Dreifaltigkeit der Fall ist, handelt es sich auch hier um drei Komponenten, die zwar verschieden sind, doch zusammengehören und erst in der Einheit miteinander sein und wirken können. Diese Komponenten – wir können sie auch *„Bestandteile"* nennen – sind:

---

29 *„Denn auf die Niedrigkeit seiner Magd hat er geschaut. Siehe, von nun an preisen mich selig alle Geschlechter"* (Lk 1,48). Die Demut ist das Gesetz der Erlösung, denn sie ist das Gegenmittel gegen Stolz und Misstrauen. Durch den Stolz und das Misstrauen der Stammeltern kam die Sünde in die Welt, dank der Demut Mariens durfte die Erlösung beginnen.

Erstens, die übernatürliche Beschaffenheit des Menschen, d.h. seine Ähnlichkeit mit Gott, seine Gotteskindschaft, der vertraute Umgang mit dem Herrn, die Teilhabe am Göttlichen und darum selbstverständlich auch am Genuss des unendlichen Glücks, das Gott seit jeher erfüllt, die beglückende Erfahrung, Gott stets bei sich zu wissen. Diese übernatürliche Dimension des Menschen wurde von der Erbsünde total zerstört, denn der Mensch warf seine Gotteskindschaft über Bord und damit war alles, was in ihm göttlich war, verloren. Wir fragen uns nun: Welche Reparaturarbeiten im Bereich des Übernatürlichen sollen an dem noch nicht erlösten Menschen vorgenommen werden, damit er eines Tages zu seiner ursprünglichen übernatürlichen Dimension zurückkehren kann? Die Antwort auf diese Frage ist Weichen stellend und durchzieht die Gestaltung des religiösen Lebens eines jeden Christen, ja eines jeden Menschen: Der Mensch muss die Demut haben zu glauben. Er muss Vertrauen zu Gott entwickeln, er muss lernen, mit ihm freundschaftlich, einfach und unbeschwert, ja familiär umzugehen. Er muss wissen, dass Gott oben ist und er unten, er muss dieses Verhältnis bejahen und einsehen, dass es für ihn so am besten ist[30]. Diese Reparatur – zu glauben! – muss der Mensch also unbedingt an sich vollziehen. Warum? Weil der Glaube die Demut des Verstandes ist. Und es war gerade der Mangel an Demut, der zur Erbsünde führte. Die ersten Repa-

---

30 Dass Gott oben ist und der Mensch unten, ist für den Menschen keine Demütigung, denn es ist halt so. Und was ist, ist wahr. Und die Wahrheit ist nie eine Demütigung. Die Anbetung ist die zwangsläufige Folge davon, dass man zu der Einsicht gekommen ist, dass Gott tatsächlich die erste Stelle zukommt. Diese Einsicht führt aber nicht zu einer sklavischen Unterwerfung, sondern – so der katholische Glaube – zur Dankbarkeit, sich bei Gott als Kind geborgen zu wissen. *„Das lateinische Wort für Anbetung heißt ‚ad-oratio' – Berührung von Mund zu Mund, Kuss, Umarmung und so im Tiefsten Liebe"* (Benedikt XVI., in: Verlautbarungen des Apostolischen Stuhls, 169, S. 87).

raturarbeiten am Menschen im übernatürlichen Bereich zielen deswegen darauf ab, ein uneingeschränktes Vertrauen zu Gott aufzubauen. Glauben heißt ja im Grunde, Gott mehr vertrauen als sich selber. Hätten unsere Stammeltern dieses Vertrauen zu Gott gehabt, gäbe es keine Erbsünde. Eines ist auf alle Fälle klar: Vor der Erbsünde brauchte der Mensch nicht zu glauben, er konnte einfach so mit Gott sprechen, ihn direkt wahrnehmen, ihn hören, ihn empfinden. Bis zur Erbsünde vertraute der Mensch Gott in allem und kam gar nicht auf den Gedanken, er könnte noch größer sein als Gott, geschweige denn, Gott hätte ihn getäuscht, als er ihm sagte, er würde sterben, wenn er vom Baum des Lebens essen würde (vgl. Gen 3,3ff).

Bis zum Sündenfall fühlte sich der Mensch bei Gott total geborgen und geliebt. Nach der Sünde wurde es jedoch anders. Der Mensch verkehrte nicht mehr mit Gott, wie Vertraute es zu tun pflegen. Er konnte Gott nicht mehr direkt sehen. Das war eine zwangsläufige Folge der Erbsünde. Nicht einmal Moses – auch auf ihm lasteten ja die Folgen der Erbsünde – durfte am Sinai Gott sehen. Um es auf den Punkt zu bringen: Gott mit den Augen des Leibes nicht mehr zu sehen, ihn nicht mehr zu empfinden, seine Stimme nicht mehr akustisch zu hören und dgl. mehr, sind Folgen der Erbsünde. Und deshalb besteht die größte Heiligkeit eines Menschen nicht darin, dass er Visionen hat, sondern dass er Gott, den er nicht sieht, mehr Vertrauen schenkt als seinen eigenen leiblichen Wahrnehmungen und Gefühlen. Wer in ein inniges Verhältnis mit Gott eintreten möchte, muss die Demut haben zu glauben. Der Glaube ist ja das uneingeschränkte Vertrauen zu Gott. In seinem eucharistischen Hymnus „*Gottheit tief verborgen*" hat Thomas von Aquin dies meisterhaft dargelegt. Er sagt wörtlich: „*Augen, Mund und Hände täuschen sich in dir, doch des Wortes Botschaft offenbart dich mir. Was Gott Sohn gesprochen, nehm' ich glaubend an; er ist selbst die Wahrheit, die nicht trügen kann*" (GL 497,2). Glaube ist „Überzeugt sein von Dingen, *die man nicht sieht*" (Hebr 11,1). Unsere Stammeltern misstrauten Gott, darin bestand ja die Erbsünde; die Reparaturarbeit an diesem verheerenden Missgeschick kann von daher nur der Glaube sein. Ich folge Gott, selbst wenn ich nicht ganz verstehe, was er sagt, denn ich weiß, er hat Recht und alles, was er sagt, ist ausnahmslos vernünftig. Wir brauchen keine Angst davor zu haben, Gott würde irgendwann etwas Vernunftwidriges von uns verlangen. Das kann nie geschehen. Benedikt XVI. brachte es einmal auf den Punkt, als er in seiner inzwischen weltbekannten, hochbedeutsamen Regensburger Vorlesung formulierte: „*Nicht vernunftgemäß handeln, ist dem Wesen Gottes zuwider*" (Verlautbarungen des Apostolischen Stuhls, 174, S. 74). Wenn der Christ tut, was Gott gesagt hat, auch wenn er ihn nicht sieht, nicht empfindet, nicht fühlt, nicht akustisch hört, dann zeigt er ihm sein absolutes Vertrauen. "*Was Gott Sohn gesprochen*" – so Thomas von Aquin weiter in dem soeben erwähnten eucharistischen Hymnus – „*nehm' ich glaubend an; er ist selbst die Wahrheit, die nicht trügen kann*" (Gottheit tief verborgen, GL 497,2). Durch das bedingungslose Vertrauen zu Gott macht der Mensch heute sein einstiges Misstrauen gegenüber Gott irgendwie wieder gut. Dadurch arbeitet er an seinem Heil. Sich dieses zu vergegenwärtigen, wenn Dunkelheit im religiösen Leben auftritt, kann helfen und ist jedenfalls sehr empfehlenswert. Fest steht auf jeden Fall: ohne Glaube keine Erlösung. Darum heißt es im Hebräerbrief: „*Der Gerechte lebt aus dem Glauben*" (Röm 1,17).

Die zweite konstitutive Komponente des Menschen bei seiner Erschaffung durch Gott war die menschliche Natur. Diese ist bekanntlich eine geistig-körperliche Natur. Im Gegensatz zu den Geschöpfen der Tierwelt war der Mensch mit Vernunft und Wille ausgestattet, die im Übrigen harmonisch aufeinander abgestimmt waren. Er besaß zudem das komfortable Gedächtnisvermögen, war gesund an Leib und Seele, war kräftig, durfte aus den Erträgen der Schöpfung sich all das nehmen, was er brauchte, um sich gesund zu ernähren. Er war im Besitz von Leidenschaften, die ihm Energie, Lebenslust und Freude am Tun ermöglichten und ihn vor der Langeweile schützten, er war intelligent, konnte rational schlussfolgern, genoss volle Gesundheit, Schmerzfreiheit, unbeschwertes Wachstum. Zudem durfte er sich am Wachstum der Schöpfung wie auch an der Weitergabe des Lebens aktiv beteiligen (vgl. Gen 2,15; 1,28), was ihm große Freude bereitete und sein Selbstwertgefühl in die Höhe schießen ließ, denn mit dem Schöpfer an der Entwicklung der Schöpfung mitzuarbeiten, setzt bestimmt ein äußerst wohltuendes Gefühl von Erhabenheit und Nützlichkeit frei.

Diese blühende menschliche Natur wurde von der Erbsünde tief beschädigt, sie wurde verwundbar und blieb völlig im Schatten ihrer einstigen Verfassung zurück. Der Mensch war auf einmal nicht mehr Herr seiner selbst, seine Leidenschaften wurden zu Begierden und eine ganze Reihe von Schlechtigkeiten schossen wie Pilze aus dem Boden seines Menschseins. Wie der Baron von Münchhausen konnte sich auch die derart verkommene menschliche Natur nicht am eigenen Zopf aus dem Sumpf herausziehen.

Um aus diesem verfallenen Zustand einen neuen Menschen entstehen zu lassen – den erlösten Menschen! –, waren augenfällig umfangreiche *„Reparaturarbeiten"* nötig. Um sich von der Disharmonie zwischen seinen geistigen und sinnlichen Dimensionen zu befreien, muss der Mensch die Demut lernen, sich an die Orientierungen Gottes zu halten. Er muss sich daran gewöhnen, geradebiegen zu lassen, was in ihm krumm geworden ist. Er muss an sich selber arbeiten. Und das kostet logischerweise Anstrengung, Zielstrebigkeit, ja, oft Schmerz und Leiden. Der Christ sieht in den Auswüchsen des Bösen, die er zeit seines Lebens in sich spürt, Chancen, seine Bedürftigkeit zu erkennen und sein

Vertrauen zu Gott zu entwickeln. Dadurch arbeitet er an seiner Vervollkommnung.

Aber auch eine dritte Komponente erhielt der Mensch bei seiner Erschaffung durch Gott: die sogenannte „*außernatürliche Komponente*". Diese Komponente meint eine Reihe von Zuwendungen Gottes an den Menschen, die eigentlich nicht zur Beschaffenheit der menschlichen Natur unbedingt gehören, die Gott ihm jedoch geben wollte, weil nur mit ihnen die Verwirklichung seiner Vorstellung vom Menschen als Abbild Gottes möglich war. Diese „*außernatürlichen Gaben*" waren u.a., dass die Vernunft und der gesunde Menschenverstand die Oberhand über die rein sinnlichen Dimensionen der menschlichen Natur behielten. Im Menschen der Schöpfung hatten Vernunft und Wille die rein sinnlichen Dimensionen des Menschseins „*voll im Griff*". Dass der Mensch nach der Erbsünde von der Kraft des Sinnlichen oft hin- und hergetrieben wird, ist augenfällig. Es ist unser aller persönliche Erfahrung. Auch hierzu sind demnach Reparaturarbeiten notwendig, damit der neue Mensch der Erlösung in uns entstehen kann. Wer trotz der Neigung zum sinnlichen Tun nicht auf die Versuchung eingeht, weil er weiß, dass Gott es anders will, zeigt, dass er Gott mehr vertraut als sich selber. Durch diesen „*inneren Kampf*" zum Guten – Reparaturarbeiten! – arbeiten wir am Aufbau des neuen Menschen in uns. Denn beim neuen Menschen, beim erlösten Menschen, gibt es keinen Übergriff der sinnlichen auf die geistigen Dimensionen des Menschseins.

Die sicherlich bedeutsamste unter den außernatürlichen Gaben war zweifellos die Befreiung vom Tod. Als mit Materie gewobenes Geschöpf war der Mensch selbstverständlich sterblich, denn die Materie ist ja von Natur aus vergänglich und zur Verwesung bestimmt. Als gottähnliches Geschöpf aber beseelte seine Gottähnlichkeit sein gesamtes Menschsein, auch seine Materie. Diese wurde durch seinen innigen Kontakt mit dem Göttlichen veredelt, ja vergöttlicht. Ohne aufzuhören, menschlich zu sein, wurde die Materie im Menschen vom Göttlichen durchtränkt, so ungefähr wie ein Schwamm mit einer Flüssigkeit durchtränkt wird. Diese Verflochtenheit mit Gott, in der die ganze Person des Menschen lebte, bewirkte, dass die Eigenschaften des Göttlichen auf das Menschliche übergingen und sich im Menschlichen niederließen, ohne jedoch die Natur des Menschlichen anzutasten. Und so kam es, dass die Unsterblichkeit – eine göttliche Eigenschaft – dem Menschen zuteil wurde. Als der Mensch jedoch durch die Erbsünde seine Gotteskindschaft und damit seine übernatürliche Komponente verlor, wurde er auf einmal sterblich, weil er ja kein übernatürliches Wesen mehr war.

Der Tod ist somit eine Folge der Erbsünde[31]. Das ist ein wichtiger Bestandteil des Glaubens unserer Kirche. Hätte Gott nicht die Entscheidung getroffen, den Menschen neu zu schaffen (vgl. 2 Kor 5,17), damit dieser zur Glorie und Größe des Anfangs zurückfinden konnte, würde der Mensch nach seinem Tod auf immer verwesen. So wie es bei den Tieren ist, so würde es auch beim Menschen sein. Denn ohne die übernatürliche Komponente wäre die Natur des Menschen im Endeffekt so etwas wie der Gummi eines geplatzten Luftballons. Und das wollte Gott auf gar keinen Fall. Dafür war seine Liebe zum Menschen zu groß.

Kehren wir nun im Geiste zur Szene des Paradieses zurück, als Gott nach der Erbsünde den Menschen zum ersten Mal sah. Wie sah das Innere Gottes aus? Was empfand er? Gott war bestürzt und litt unendlich, nicht weil er sich beleidigt gefühlt hätte, sondern weil es dem Menschen elend ging. Geistesgegenwärtig, wie Liebende es zu sein pflegen, traf er die Entscheidung: *„Ich lasse den Menschen nicht verenden, ich springe in die Bresche, ich*

---

31 „Durch einen einzigen Menschen kam die Sünde in die Welt und durch die Sünde der Tod" (Röm 5,12).

rette ihn. Ich mache den Menschen neu. Ich werde ihn diesmal noch mehr bereichern als bei der ersten Schöpfung. Ich, Gott, werde selber Mensch werden. Und die einzelnen Menschen, nachdem sie durch die nötigen Reparaturen während ihres Lebens an ihrer Reinigung und Reifung gearbeitet haben, werde ich an mich ziehen und in liebender Freundschaft mit einem jeden eins werden."

Dann erst ist der Mensch erlöst! Der erlöste Mensch wird der mit Gott vereinte Mensch sein.[32]

Die Erlösung ist ein Werk Gottes am Menschen. Es wäre vermessen und grundfalsch zu denken, der Mensch könne sich durch die von ihm vollbrachten Reparaturarbeiten an der eigenen Person selber erlösen. So ist es nicht. Jesus ist der einzige Erlöser. Die Erlösung, wie die Schöpfung auch, kann nur Gott bewirken. Durch die Reparaturarbeiten an der eigenen Person beteiligt sich der Mensch jedoch am Werk seiner Erlösung durch Jesus Christus[33].

---

32 Sinn und Inhalt der Erlösung ist tatsächlich, dass der Mensch in Gott sozusagen eingewoben wird. *„Der Sohn Gottes hat sich in seiner Menschwerdung gewissermaßen mit jedem Menschen vereinigt"* (II. Vatikanisches Konzil: Pastorale Konstitution über die Kirche in der Welt von heute „Gaudium et spes", 22).

33 Vor dem Hintergrund der Tatsache, dass der Mensch sich durch die Reparaturarbeiten an der eigenen Person tatsächlich an seiner Erlösung beteiligt, könnte die Frage aufkommen, warum dies überhaupt nötig sei, anders ausgedrückt: Wenn Christus uns sowieso erlöst hat, warum soll der Mensch sich daran beteiligen? Genügt es nicht, wenn Jesus gelitten hat? Wäre es nicht großzügiger, wenn der Mensch gar nicht zu leiden brauchte, weil Jesus schon für uns alle gelitten hat? Dazu ist Folgendes zu sagen: Gott hat nicht den Begriff „Mensch" erlöst, sondern jeden einzelnen Menschen, und zwar so wie jeder ist, ganz konkret, persönlich. Die Erlösung durch Jesus Christus ist keine „serienmäßige" Erlösung, sondern eine individuelle Erlösung, sozusagen eine „maßgeschneiderte" Erlösung. Jeder einzelne Mensch wird eigens erlöst und darum muss/darf in sich selber die Umwandlung erfahren, die der Erlöser aus persönlicher Liebe zu ihm an ihm vollzieht und an der er sich eben durch die genannten Reparaturarbeiten beteiligt. Diese Umwandlung ist eine persönliche Umwandlung, denn ein jeder wird mit seiner Biographie verwandelt.

Unser Gott ist ein liebender und großzügiger Gott. Wenn ein Liebender wirklich großzügig ist, dann schenkt er sich selber hin. Und darum entschied Gott, selbst Mensch zu werden und all die Folgen der Erbsünde an seiner eigenen menschgewordenen Person zu tragen, und zwar stellvertretend für sämtliche Menschen, noch genauer: für jeden einzelnen Menschen. Der neue Mensch, der Mensch der Erlösung schlechthin, würde er selber, Jesus, sein. Darum sagt der hl. Paulus, Jesus ist *„der Erstgeborene von vielen Brüdern"* (und Schwestern) (Röm 8,29). Jesus ist der Anführer der neuen Schöpfung. Die einzelnen Menschen brauchen dann nur eines zu tun, nämlich sich mit Jesus Christus zu vereinen, dann sind sie erlöst, denn dann sind sie Christus selbst, der in ihnen lebt[34]. Damit das möglich sei, wurde die Zweite Person der

---

Vom Kreuze aus hat Jesus nicht die „Menschheit" abstrakt erlöst, sondern jeden einzelnen Menschen. Es gehört zu den emotivsten Überlegungen im Zusammenhang mit der Kreuzigung Jesu die Erkenntnis, dass der am Kreuz sterbende Jesus in seinem zeitübergreifenden „Heute" jeden einzelnen Menschen geschaut hat und für einen jeden sein Leben hingegeben hat. Darum ist jeder Einzelne erlöst, vorausgesetzt, er lehnt die Erlösung nicht ab. Diese Ablehnung ist im Übrigen die Sünde gegen den Heiligen Geist, über die die Heilige Schrift sagt, sie werde nicht vergeben (vgl. Mt 12,31-32). Nicht, dass Gott nicht alle Sünde vergeben könnte, er kann aber dem nicht vergeben, der aus Stolz die Vergebung bewusst und willentlich ablehnt. Denn Gott vergewaltigt die Freiheit des Menschen nicht. Die Ablehnung der Vergebung, das ist die Sünde gegen den Heiligen Geist.

34 *„Nicht mehr ich lebe, sondern Christus lebt in mir"* (Gal 2,20), sagt der hl. Paulus über sich selbst und zeigt dadurch die Verwandlung auf, zu der jeder Christ berufen ist: eins mit Christus zu werden. Der erlöste Mensch ist der, in dem Christus Einzug gehalten hat. In der innigen Atmosphäre des Abendmahlsaales am Gründonnerstag sagte Jesus zu seinen Jüngern: *„Ich bin in meinem Vater, ihr seid in mir und ich bin in euch"* (Joh 14,20). Über diese wundersame Verbindung des erlösten Menschen mit Jesus, in der letztlich die Erlösung des Menschen besteht, äußerte sich der hl. Paulus an verschiedenen Stellen seiner Briefe an die Urgemeinden. So z.B. im Kolosserbrief, wo es heißt:

Dreifaltigkeit tatsächlich Mensch, uns in allem gleich außer der Sünde (vgl. Hebr 4,15). Er führte ein ganz normales menschliches Leben von der Zeugung im mütterlichen Schoß bis zum Tode. Er wurde Mensch, um denen, die ihn aufnahmen, die alte Würde zurückzugeben, Kinder Gottes zu werden (vgl. Joh 1,12). Und wie tat er das? Das tat er, indem er die Konsequenzen der Degeneration des Menschen (d.h. der Erbsünde) an sich trug. Darum war sein Leben mitunter ein mühsames, ein mit Schmerz und Leiden durchtränktes Leben. Er wurde misshandelt, beleidigt, erfuhr Ungerechtigkeiten aller Art, schließlich starb er am Kreuz. All das hat er freiwillig auf sich genommen, um an seiner eigenen Person jene *„Reparaturarbeiten"* vorzunehmen, die die menschliche Natur benötigte, um in die Gestalt des erlösten Menschen umgewandelt zu werden. Jesus, so der hl. Petrus in seinem ersten Brief, *„hat unsere Sünden mit seinem Leib auf das Holz des Kreuzes getragen, damit wir tot seien für die Sünden und für die Gerechtigkeit leben. Durch seine Wunden seid ihr geheilt"* (1 Petr 2,24), fügt er hinzu. Ja! Das war der Sinn seines irdischen Lebens. Jesus ist auf die Erde gekommen, um die Menschen mit Gott zu versöhnen, um sie aus der Kälte eines geistlich leblosen Daseins ohne Gott zu befreien und wieder zu Kindern Gottes zu machen, zu *„Hausgenossen"* der Dreifaltigkeit. Und weil er uns unermesslich liebte, liebte er uns *„bis zur Vollendung"* (Joh 13,1) und stieg in die Abgründe der menschlichen Existenz herab, um diese zu reinigen und zu heilen. Jesus Christus kam auf die Erde nicht als Aufsehen erregender Triumphator unter dem Klang der Trompeten, auch nicht als Tourist, um sich die Schöpfung anzuschauen, auch nicht bloß als Verkünder einer Lehre, sondern

---

„Er" (Christus) *„ist das Haupt des Leibes"* (Kol 1,18). Und im 2. Korintherbrief schreibt er: *„Ihr aber seid der Leib Christi, und jeder Einzelne ist ein Glied an ihm"* (2 Kor 12,27).

als der liebevolle Erlöser, der den Menschen „*die Kastanien aus dem Feuer holt*" und lieber selbst leidet, als dass die Menschen es erleiden müssten. Jesus Christus kam in die entstellte Natur des Menschen herab und hat sie nicht von außen her geheilt, so etwa wie wenn man z.B. mit Weihwasser irgendeinen Gegenstand besprengt, sondern indem er in diese entstellte Natur buchstäblich hineinging und sie von innen her heilte. Zur Veranschaulichung dieses großherzigen Vorgangs verwende ich oft das Bild eines stark verschmutzen Rohrs, das sich von selbst logischerweise nicht reinigen kann. Eines Tages aber schießt jemand ein starkes Reinigungsmittel hindurch mit der Folge, dass sämtliche Stellen des Rohrs, die von dem Reinigungsmittel berührt werden, auf einmal frisch und ansehnlich werden. So ist unsere Erlösung tatsächlich geschehen! Unser Erlöser hat uns nicht vom hohen Ross aus von der Sünde befreit, sondern er „*entäußerte sich und wurde wie ein Sklave*" (Phil 2,7). Jesus Christus ist in die stinkende Atmosphäre der menschlichen Sündhaftigkeit hineingegangen und hat diese von innen her sozusagen durch Hautkontakt geheilt.

Beeindruckend in diesem Kontext sind folgende Worte von Papst em. Benedikt XVI., der einmal sagte: Die Erlösung sei „*Hinabsteigen in die Gefährdungen des Menschen, denn nur so kann der gefallene Mensch aufgerichtet werden: Jesus muss – das gehört zum Kern seiner Sendung – in das Drama der menschlichen Existenz hineintreten, es bis in seine letzten Tiefen durchschreiten, um so das ,verlorene Schaf' zu finden, auf die Schultern zu nehmen und heimzutragen*" (Joseph Ratzinger/Benedikt XVI., Jesus von Nazareth, Bd. 1, S. 55). Das ist also der Kern der Erlösung, dass der Erlöser, Jesus, die Wunden des degenerierten Menschen stellvertretend für alle Menschen an sich gezogen und sie dadurch geheilt hat, so dass dort, wo Schmutz lag, nun Frische herrscht. Der hl. Paulus drückt es so aus: (Jesus), „*der keine Sünde kannte, wurde für uns zur Sünde gemacht*" (vgl. 2 Kor 5,21). Ein weiterer deutscher Theologe, Odo Casel (1886-1948), sagt treffend dazu: Jesus kam *„in der Gestalt des Fleisches, das unter der Macht der Sünde steht, um in seinem Fleische die Sünde zu ertöten".*[35]

So gelangen wir zu der Erkenntnis, dass Jesus Christus Erniedrigung, Misshandlungen, Leid, Schmerz und Tod voll bewusst auf sich genommen hat, damit der alte Mensch der Sünde in ihm stirbt und der neue Mensch der Erlösung entstehen kann. Darum betet die Liturgie unserer Kirche: *„Barmherziger Gott, durch die Erniedrigung deines Sohnes hast du die gefallene Menschheit wieder aufgerichtet und aus der Knechtschaft der Sünde befreit."*[36]

Deswegen wollte Jesus nicht vom Kreuze absteigen, als Zuschauer seiner Kreuzigung ihm zuriefen: *„Wenn du der Sohn Gottes bist, steige vom Kreuz herab, dann werden wir alle an dich glauben"* (Mt 27,40). Wäre er herabgestiegen, wäre die letzte Konsequenz der Erbsünde, nämlich der Tod, ungesühnt geblieben und der Mensch wäre nicht erlöst worden. Als Jesus am Kreuz sein letztes Wort in die weite Welt der Menschheitsgeschichte hineinsprach: *„Es ist vollbracht"*, das Haupt neigte und den Geist aufgab (Joh 19,30), da erhob sich der neue Mensch wie Phönix aus der Asche, das Werk der Versöhnung des Menschen mit Gott war vollendet, der Mensch durfte neu starten. Wir sind wieder Kinder Gottes. Wir sind wieder per Du mit Gott. Der neue Mensch, der Mensch nach der Vorstellung Gottes, ein Mensch, in dem sowohl die übernatürliche wie auch die rein menschliche Komponente erneut glanzvoll aufscheinen, ist wieder möglich.

Das hört sich wunderbar an, doch unsere Erfahrung zeigt, dass dieser Zustand des erlösten Menschen in uns nicht bzw. noch nicht da ist, wenn wir auch ehrlichkeitshalber sagen müssen, dass wir zumindest gelegentlich die Strahlkraft des neuen Lebens in

---

35 Odo Casel: Das christliche Kultmysterium

36 Tagesgebet am 14. Sonntag im Jahreskreis, Jahr B

uns, jeder auf seine Weise, wohl spüren. Wie ist das zu verstehen? Da hilft uns ein Wort des hl. Paulus auf die Sprünge: *„Obwohl wir als Erstlingsgabe den (Heiligen) Geist haben, seufzen wir in unseren Herzen und warten darauf, dass wir mit der Erlösung unseres Leibes als Söhne* (d.h. als Kinder) *offenbar werden. Denn wir sind gerettet, doch in der Hoffnung"* (Röm 8,23-24).

So wie damals, am Anfang der Geschichte, unsere Stammeltern sich beim Angebot des Schöpfergottes entscheiden mussten, ob sie die Beschaffenheit annehmen wollten oder nicht, die Gott für das Menschsein vorgesehen hatte, so ungefähr ist es auch heute mit jedem einzelnen Mensch in der Konkretheit seiner persönlichen Geschichte: Jeder von uns muss sich entscheiden, ob er die Erlösung, die Jesus für ihn am Kreuz ermöglicht hat, annimmt oder nicht. Insofern sind wir zwar erlöst, doch vorerst tatsächlich nur in der Hoffnung.

Kapitel VI.

Der erlöste Mensch

Als der Schöpfergott sich den elenden Zustand anschauen musste, in den der Mensch der Schöpfung durch seine selbstherbeigeführte Auflösung seiner Bindung an das Göttliche geraten war, öffneten sich ihm mehrere Optionen zum Handeln. Die erste war, den Menschen in dem miserablen Zustand zu belassen, in dem er nun nach der Sünde stand. Das hieße, sein Lieblingsprojekt *„Erschaffung des Menschen auf Erden als eines Gott ähnlichen Wesens"* als gescheitert zu beenden. Ungerecht wäre das sicher nicht gewesen, denn der Mensch war es ja, der sich voll bewusst seiner ihm geschenkten übernatürlichen Beschaffenheit entledigt hatte. Würde der Schöpfergott diese Option wählen, so wäre der Mensch der Sünde auf immer ein ganz gewöhnliches, natürliches Geschöpf mit beschränkter Existenzdauer, ohne familiäre Anbindung an das Göttliche, dem Irrtum wie auch dem Bösen zugeneigt, wenn nicht sogar so gut wie ausgeliefert. Ein trauriges Dasein für ein Wesen, das entstanden war, um *„nur ein wenig geringer zu sein als Gott"* (vgl. Ps 8,6). Dass der Schöpfergott diese Option nicht wählte, geht einzig und allein auf seine überragende, ja unermessliche, grenzenlose Barmherzigkeit zurück. Gott empfand nämlich – ich rede ja nur menschlich! – ein tiefes, einschneidendes Mitleid mit dem gefallenen Menschen, und so kam es, dass er seine Allmacht durch seine Barmherzigkeit ausübte. Daran erkennen wir, dass der höchste Grad der Allmacht Gottes seine Barmherzigkeit ist. Das ist eine sehr tröstliche Erkenntnis, auch für uns heute, die wir Jahrtausende später leben, denn Gott hat sich nicht verändert, auch heute gilt das Prinzip: Gott ist so mächtig, dass er, ohne die Gerechtigkeit anzutasten, barmherzig ist. Und gerade weil die Barmherzigkeit Gottes seine Gerechtigkeit nicht antastet, konnte jene nicht in der Form des *„Schwamm drüber"* wirken, denn das wäre ja eine eklatante Ungerechtigkeit. Der Schöpfergott hat seine Barmherzigkeit nicht in der Form ausgeübt, dass er über die Erbsünde hinwegschaute, als wäre sie nicht begangen worden bzw. als wäre sie eine Art *„Kavaliersdelikt"* gewesen. Er merkte vielmehr, dass unsere Stammeltern gleich nach der Sünde die verheerende Tragweite ihrer Verfehlung begriffen und sie von Herzen bereuten. Diese Reue des Menschen *„berührte"* das Herz Gottes mit der Folge, dass er Mitleid mit ihnen hatte. So erkennen wir, dass die Barmherzigkeit nicht den Schmutz unter den Teppich kehrt, sondern dem reuigen Sünder die Schuld nimmt. Und so kam es, dass Gott aus liebendem Mitgefühl mit dem gefallenen Menschen beschloss, den Stammeltern und ihrer Nachkommenschaft eine neue Chance zu geben, doch noch zu dem zurückzufinden, was durch die Sünde verloren gegangen war. Eine großartige Geste Gottes zweifellos, eine Geste, die uns im Übrigen tiefe Einsichten in seine Persönlichkeit gewährt. Groß ist unser Gott! Aber auch treu, denn was ist seine Barmherzigkeit sonst, als eine praktische Anwendung seiner Liebe auch in bösen Tagen?

Im Gegensatz zu den Stammeltern, die ihre Entscheidung über Annahme oder Ablehnung des göttlichen Planes für den Menschen mit sofortiger Wirkung treffen mussten, hat der Schöpfergott ihren Nachkommen ihre ganze Lebenszeit auf Erden als den zeitlichen Raum gegeben, um sich zu entscheiden, ob sie erlöst werden wollen. Spätestens unmittelbar vor dem Tod muss der Mensch sich entscheiden. Kein einziger Mensch kann an dieser Entscheidung vorbeikommen. Die Erlösung muss man wollen, die Sünden muss man bereuen. Gott vergewaltigt das Wollen des Menschen nicht. Er will zwar, dass *„alle Menschen gerettet werden"*

(Tim 2,4), doch er zwingt die Erlösung niemandem auf. In den Himmel oder aber in die Hölle kann man nur durch eine freie Entscheidung gelangen.

Eine zweite Option öffnete sich dem Schöpfergott theoretisch in jener dramatischen Stunde der Menschheitsgeschichte, nämlich den Menschen der Sünde fallenzulassen und ein weiteres Wesen neu zu erschaffen, ein Wesen mit Anbindung an die Gottheit und im Besitz einer noch festeren, klügeren und einsichtigeren Natur als die menschliche, in der Hoffnung, dass das neue Geschöpf ohne Beeinträchtigung seiner Freiheit leichter als der Mensch seine Beschaffenheit, wie Gott sie ihm gegeben hat, in Dankbarkeit annehmen würde. Dass der Schöpfergott nach der Erbsünde nicht zu einem weiteren Schöpfungsakt gekommen ist, kann angenommen werden, obgleich es nicht unmöglich ist. Der Allmacht Gottes, die noch vor der Erschaffung des Menschen die Engelwelt erschaffen hat, wäre es keineswegs abträglich gewesen, neben der Erschaffung des Menschen auch weitere dem Menschen mehr oder weniger ähnliche Wesen erschaffen zu haben und ihnen irgendeinen Himmelskörper – derer haben wir im All ja eine ganze Menge – als Ort des Lebens gegeben zu haben.

Der Schöpfergott wählte bekanntlich eine dritte Option, nämlich den gefallenen Menschen zu reparieren und ihm eine neue Chance zu geben, wieder zu werden, was er am Anfang war. Der oben verwendete Vergleich der Reparatur eines maroden Gebäudes kann uns die Natur dieser Option etwas näher bringen. Auf den Ruinen dessen, was der Mensch der Schöpfung geworden war, sollte der Mensch der Erlösung entstehen. Ein fürwahr schwieriges Unternehmen, doch was macht man nicht alles aus Liebe? Und Gott liebte den Menschen auch nach der Sünde.

Eine solche Reinigungs-, Befestigungs- und Instandsetzungsarbeit am Menschen konnte natürlich nur Gott leisten. Am eigenen Zopf konnte der Mensch sich unmöglich aus dem Sumpf ziehen.

Die Reparaturen am Menschen der Sünde betreffen nicht nur die Fassade, d.h. das äußere Verhalten, sondern auch und vor allem das Innere. Also muss Gott auf irgendeine Weise in das Innere des Menschen eingehen und dort die Arbeit des Monteurs übernehmen. Um uns den Weg zum Glück zu ermöglichen, hält es Gott nicht für demütigend, unser Monteur zu sein. Darauf weist der hl. Paulus hin, wenn er in seinem Brief an die Philipper schreibt: *„Christus, der Gott gleich war, hielt aber nicht daran fest, wie Gott zu sein, sondern er entäußerte sich und wurde wie ein Sklave"* (Phil 2,6-7). Jesus erlöst den Menschen dadurch, dass er in sein Inneres hineingeht und ihn von dort aus heilt.

Man kann sich gut vorstellen, dass den Stammeltern ein Stein vom Herzen gefallen ist, als sie das Versprechen Gottes wahrnahmen, ein Erlöser würde kommen. Zwar ist die Verheißung des Erlösers in der für die Genesis typischen bildlichen Sprache ausgedrückt, doch unsere Stammeltern haben sie verstanden. So kam im Menschen der Sünde Hoffnung auf und er konnte wieder froh sein. Doch das Wissen um eine grundlegend bessere Zukunft änderte nichts an den Folgen der Erbsünde. Täglich spürte der Mensch, dass er nunmehr im Schweiße seines Angesichts arbeiten musste, er stand unter dem Druck der bösen Begierden – siehe den Mord des Kain an seinem Bruder Abel –, er spürte die innere Unruhe und die mangelnde Harmonie im Herzen. Doch er hoffte, dass sich irgendwann eine Wende ergeben würde. Das war eben die Stärke des Menschen nach der Verkündigung eines Erlösers: die Hoffnung auf Befreiung von den Folgen der Erbsünde. So werden unsere Stammeltern gedacht und gefühlt haben.

Wie das religiöse Empfinden sich in den nächsten Generationen bis zur Auserwählung des Volkes Israel als Träger der Uroffenbarung entwickelt hat, kann man nur vermuten, uns fehlen dazu die notwendigen Erkenntnisquellen. Es ist jedoch davon auszugehen, dass die Menschen im Verlauf der Zeit den religiösen Bezug immer mehr verloren haben, wie auch dass die Hoffnung des Anfangs auf Erlösung immer schwächer wurde, wodurch die Weitergabe der Ankündigung eines Erlösers immer diffuser wurde bzw. sich in abenteuerlichen Deutungen abwandelte, so dass dem Entstehen oder gar der Entwicklung von falschen Gottesbezügen bzw. Religionen Vorschub geleistet wurde. Wie dem auch sei, brachte der Verlust bzw. die Schwäche der Erinnerung an das Versprechen des Schöpfergottes es mit sich, dass die sittliche und allgemein die menschliche Lebensführung immer dekadenter wurde.

Dass die Lage der Menschen in der Zeit zwischen der Vertreibung aus dem Paradies und der Ankunft des Erlösers in Jesus Christus unheimlich schwer war, ist eindeutig, zumal der Mensch zum Irrtum geneigt war und einen schwachen Willen besaß; hinzu kam noch, dass er unter dem Druck übermächtiger Begierden stand. Am Beispiel der verheerenden Lage des Menschen in der Zeit, als die Uroffenbarung aus dem kollektiven Gedächtnis immer mehr verschwand, wird einsichtig, dass, wo das Wissen über Gott fehlt, sich Irrtümer, Gräueltaten und Verirrungen aller Art einstellen. Und so begreifen wir, dass ein Leben ohne Bindung an Gott alle Chancen hat, auch menschlich zu scheitern.

Die religiöse Lage des Menschen der Urzeit veränderte sich grundlegend mit der Auserwählung des Volkes Israel als Überbringer der Uroffenbarung und damit der Wahrheit Gottes über den Menschen. Mit dieser Auserwählung, die eigentlich ein Auftrag war, griff Gott in die Geschichte der Menschheit ein und bereitete diese auf die verheißene Erlösung vor. Ich kann mich jetzt nicht mit der Bedeutung der Einschaltung des Volkes Israel in den Prozess der Vorbereitung auf das Kommen des Erlösers befassen, das würde den Rahmen unserer Überlegungen sprengen, doch eines möchte ich nicht unerwähnt lassen, nämlich dass durch die Einschaltung des Volkes Israel die Hoffnung des Menschen auf Erlösung konkreter, ja greifbar wurde. Durch die Gesetze und

Vorschriften des Judentums wurde das Bewusstsein der moralischen Verantwortung für die eigenen Handlungen verschärft. Mit der Veröffentlichung der Zehn Gebote durch Moses, als dem Gesandten Gottes, brach in der Geschichte der Beziehung Gottes mit den Menschen eine ganz neue Ära auf. Dem Volk Israel wurde die große Aufgabe anvertraut, ein persönliches Verhältnis zwischen Gott und den Menschen zu ermöglichen. Und dennoch muss man daran festhalten, dass mit der Auserwählung Israels die Erlösung noch nicht gekommen war, wohl aber wurde die Hoffnung auf den Erlöser konkreter und auf jeden Fall stärker. Das Thema der Ankunft des Messias war beim Volk Israel das Thema Nummer Eins. Das religiöse Ambiente prägte im Grunde die Gesellschaft. Doch der Erlöser war noch nicht gekommen. Erst mit Jesus Christus kam das *„Licht, das jeden Menschen erleuchtet, in die Welt"* (Joh 1,9), wie es im Johannesevangelium heißt. Jesus, der Erlöser, kam, *„als die Zeit erfüllt war"*, wie es bei Paulus heißt (Gal 4,4). Er ist der Sohn Gottes und er ist auf die Erde gekommen, um den Menschen, wie wir gesagt haben, zu *„reparieren"*. Er ist gekommen, um den Menschen wieder in Gott einzuführen.

Nach der Ankunft des Messias in Jesus Christus braucht der Mensch nicht mehr auf den Erlöser zu warten, denn der Erwartete ist nun da. Der Mensch braucht nur auf ihn zu schauen, von ihm zu lernen und ihm zu folgen. Damit ist er noch nicht erlöst, wohl aber befindet er sich auf dem Weg zum Ziel. Und damit er das Ziel tatsächlich erreicht, beschenkt Gott ihn mit Mitteln, Zuwendungen und Gaben, damit er – ohne dass Gott ihm die Freiheit nimmt – sich frei für Gott und seine Ordnung entscheidet. Diese Hilfsmittel hat Gott der Kirche anvertraut, damit jeder davon Gebrauch machen kann. An erster Stelle stehen die Sakramente, wahre Fußspuren Jesu auf Erden. Mit ihnen aufs Engste verbunden, steht die Verkündigung der Wahrheit, die Christus der Menschheit durch Wort und Tat geöffnet hat, eine Wahrheit, deren Echo heute durch Menschen ertönt, denen Gott den Geist der Wahrheit gesandt hat, den Heiligen Geist, der sie in die ganze Wahrheit führt (vgl. Joh 16,13) und an alles erinnert, was Jesus gesagt hat (vgl. Joh 14,26). Wer die Entscheidung getroffen hat, sich von Jesus erlösen zu lassen, der hört gerne die Ausführungen des Geistes, denn er weiß, dass er dadurch auf Distanz zur Haltung der Stammeltern geht, deren Sünde ja darin bestand, dass sie nicht auf das Wort des Schöpfergottes gehört haben, der ihnen gesagt hatte, *„wenn ihr davon esst, werdet ihr sterben"* (Gen 3,3).

Die Bereitstellung von Hilfsmitteln war nötig, weil der Mensch – auch nachdem Gott den Beschluss gefasst hat, ihm eine neue Chance zu geben –, noch nicht erlöst ist und deswegen aktuelle Hilfe braucht. Wir sagten schon, mit dem Versprechen eines Erlösers (vgl. Gen 3,15) begann für den Menschen die Zeit der Hoffnung. Auf etwas hoffen heißt, es noch nicht zu besitzen. Paulus sagt: *„Eine Hoffnung, die man schon erfüllt sieht, ist keine Hoffnung"* (Röm 8,24). Durch das Erscheinen des Erlösers auf Erden ist die Erlösung objektiv in die Welt eingetreten, subjektiv jedoch noch nicht. Dass wir tatsächlich noch nicht voll erlöst sind, ist die Erfahrung eines jeden Menschen, denn wir alle spüren Zeit unseres Lebens die Folgen der Erbsünde. Doch wir hoffen, dass der Herr, der in uns sein Werk begonnen hat, es auch vollenden wird. Ob es so ist, hängt jedoch allein vom Menschen ab, denn Gott hat den Menschen alle Mittel hinterlassen, die die Erlösung garantieren. Der Mensch braucht sie nur anzuwenden. Die Hoffnung auf Erlösung ist somit das tragende Merkmal des Menschen in der Zeit seines Erdenlebens.

Die Hoffnung hört mit dem Tod auf, denn mit dem Tod beginnt die Ewigkeit. Und in der Ewigkeit steht die Wirklichkeit den Menschen offen vor Augen. Da braucht man weder Hoffnung noch Glauben. Ewigkeit! Was ist die Ewigkeit? Wir sagen, die Ewigkeit sei das andauernde Dasein ohne Ende. Das stimmt, doch man müsste etwas differenzieren. Angenommen, der Mensch ist nach seinem Tod in die Ewigkeit bei Gott gelangt, d.h. seine unsterbliche Seele wird in den Himmel aufgenommen, dann kann man wohl sagen, er hat das Ziel des Lebens erreicht, er ist erlöst, und dennoch wirkt die Erlösung in ihm noch nicht vollkommen. Denn er ist in der Ewigkeit noch nicht vollständig bei Gott. Nur sein Geist ist da. Sein Leib verwest in der Erde; diese Verwesung der Materie ist zweifellos eine Folge der Erbsünde. Darum sind die beiden einzigen Menschen, die ohne Sünde empfangen wurden, Jesus und Maria, heute schon mit Leib und Seele in der Ewigkeit, denn sie beide haben keine Sünde begangen. Um es ganz deutlich auszudrücken: Die vollständige Erlösung des Menschen findet erst am Jüngsten Tage statt, wenn die Leiber der Verstorbenen auferweckt werden. Der KKK beschreibt den Glauben der Kirche über die Auferstehung der Toten mit folgenden Worten: *„Wir glauben an die Auferstehung des Fleisches, in der sich die Schöpfung und die Erlösung des Fleisches vollenden"* (KKK, 1015). Und weiter heißt es dort: *„Durch den Tod wird die Seele vom Leibe getrennt; in der Auferstehung aber wird Gott unserem verwandelten Leib das unvergängliche Leben geben, indem er ihn wieder mit unserer Seele vereint"* (KKK, 1016). Diese Wiedervereinigung von Seele und Leib geschieht allerdings erst am Letzten Tag der Geschichte. Also leben die Heiligen im Himmel bis dahin in einem Frühstadium der Erlösung. Die totale Erlösung kommt noch. Wenn es so ist, dann stellt sich die Frage: Wenn der Mensch in der Ewigkeit – bis der Jüngste Tag anbricht –, auf seinen Geist *„reduziert"* ist, wie sieht sein Leben dort aus? Was macht der Mensch in der Ewigkeit bis zur Auferstehung des Leibes? Ja, *„was machen die Heiligen im Himmel die ganze Zeit bis zum Jüngsten Tag, an dem ihre Leiber auferstehen und sich mit ihrer Seele vereinigen werden?"* Sie lieben und genießen ihre Liebe! Sie werden in den Liebesrhythmus Got-tes eingeführt und lieben nach der Art Gottes. In der Vereinigung mit der Liebe Gottes erleben sie noch vor ihrer Vereinigung mit dem Leib den Höhepunkt der Liebe, und das ist die Ekstase. Wer die Ekstase erlebt, braucht nichts mehr und vermisst nichts. Er wird subjektiv von Glück überflutet, so dass er – frei von jeglicher Bindung an Zeit und Raum – ununterbrochen und unermesslich genießt. Der Jüngste Tag wird ihn völlig überraschen.

Was geschieht im erlösten Menschen am Jüngsten Tag? Unser Glaube sagt: Sein Leib und sein Geist vereinen sich wieder. Und wie geht das vor sich? Ich stelle es mir so vor: Der Mensch steht da und erlebt seine Vollendung, er ist darum überglücklich, er weiß, Gott hat Gefallen an ihm, er fühlt sich Gott zugehörig und beginnt ein neues körperlich-geistiges Leben zu führen. Am Jüngsten Tag wird die alte Ordnung der Schöpfung wiederhergestellt. Das harmonische Miteinander von Leib und Seele, das wie ein roter Faden die Person des Menschen vor der Erbsünde kennzeichnete, ersteht wieder und prägt Leben und Handeln des Menschen. Endlich ist der Mensch das geworden, was Gott für ihn von jeher wollte: ein vollkommenes, freies Wesen, das in sich glücklich ist und Glück ausstrahlt. Der Lebensraum des Menschen in der Ewigkeit lässt sich logischerweise weder bemessen noch eingrenzen. Der Mensch wird sich in der Ewigkeit frei bewegen dürfen. Er ist dort nicht mehr den Einschränkungen der Gesetze von Raum und Zeit unterworfen. Und doch drängt sich die Frage auf: Wie sieht das Leben des wiederhergestellten Menschen nach dem Jüngsten Tag aus? Oft wird gesagt, wir wüssten es nicht, die Offenbarung habe sich nicht darüber geäußert. Ja, das stimmt, doch nur in dem Sinne, dass die Heilige Schrift die neugierige Wissenslust des Menschen nicht befriedigt hat. In der Heiligen Schrift finden wir aber doch manche Eckdaten und Anhaltspunkte, die uns eine gewisse reelle Vorstellung des Zustandes des Menschen nach der Auferstehung des Leibes und dessen Wiedervereinigung mit der Seele ermöglichen. Und – welche sind diese

Anhaltspunkte? Die Antwort liegt auf der Hand: Der Zustand, das Auftreten und die Lebensweise Jesu nach seiner Auferstehung sind ein offenes Buch, um sich eine ziemlich gute Vorstellung von der Lebensweise der erlösten Menschen nach der Vereinigung ihres Leibes mit ihrer Seele zu machen. Denn dieser Jesus, der nach seiner Auferstehung den Frauen und den Jüngern erscheint, ist kein Erdenbewohner mehr, sondern der erste Mensch im Himmel überhaupt, der gerade manches auf Erden vollbringt.

Und welche Erkenntnisse gewinnen wir aus dem Auftreten des auferstandenen Jesus? Erstens einmal, dass der auferstandene Leib kein sterblicher Leib mehr ist, sondern ein verklärter Leib. Ein verklärter Leib ist ein ehemals sterblicher Leib, der dank seiner aktuellen Verbindung mit seiner erlösten Seele nun die Herrlichkeit des gesamten erlösten Menschseins ausstrahlt. Weil der verklärte Leib kein sterblicher Leib mehr ist, ist er nicht mehr den Gesetzen von Raum und Zeit unterworfen. So konnte sich der Leib Christi nach seiner Auferstehung in Sekundenschnelle von einem Ort zum anderen bewegen. Er trifft die Jünger von Emmaus an den Toren dieser Stadt und gleich danach erscheint er seinen Jüngern, die in Jerusalem im Abendmahlsaal aus Angst vor den Juden versammelt waren, also ist er tatsächlich den Gesetzen von Raum und Zeit nicht unterworfen.

Dies scheint darauf hinzudeuten, dass der Mensch auf der neuen Erde, auf der sich das Leben der erlösten Menschen ab dem Jüngsten Tag abspielt (vgl. Offb 21,1), nicht passiv leben, sondern sich im Gegenteil problemlos von hier nach dort bewegen können wird. Ob er sich auch evt. zwischen den verschiedenen Himmelskörpern bewegen kann, wissen wir nicht; für einen verklärten Leib scheint es jedoch nicht von vorneherein ausgeschlossen zu sein. Wer weiß, vielleicht wird es im Laufe der Geschichte bis zum Jüngsten Tag so viele Menschen geben, dass sie die Kapazitäten der Erde übersteigen, und der Schöpfergott einen weiteren Himmelskörper, evt. sogar eine andere Galaxie zur Wohnung überzähliger Menschen freigibt, so dass eine Art Pendelverkehr zwischen Himmelskörpern entstehen könnte. Wer weiß? Ausgeschlossen ist das nicht, denn die Größe unseres Gottes ist derart grenzenlos, dass man ihm alles, was gut ist, zutrauen kann.

Wie dem auch sei, eines steht fest: Die neue Erde, von der die Heilige Schrift als Lebensraum des erlösten Menschen spricht (vgl. Off 21,1ff), ist ein „Ort", in dem der Mensch in innigster Verbindung mit Gott leben wird, mit Gott, zu dem er nun endgültig gehört. Das Wissen um diese innige Verbindung mit ihm wird den Menschen die Fülle des Glücks und der Erfüllung erleben lassen. Diese Fülle des Lebens des erlösten Menschen auf der neuen Erde umfasst sowohl seine leibliche wie auch seine geistige Komponente. Darum irrt, wer meint, in der Ewigkeit werde das Spirituelle besonders beachtet, das Leibliche hingegen sei unwichtig. Warum sollte es so sein? Ist Gott nicht Fleisch geworden? Das Materielle, das Fleisch, das Irdische sind nicht nur nicht schlecht, sondern sie sind in Jesus Christus von der Gottheit durchtränkt. So groß ist der Wert des Irdischen! In der Ewigkeit wird der verklärte Leib des erlösten Menschen essen und trinken, das bezeugt die Heilige Schrift eindeutig (vgl. Lk 24,42 und Mt 26,29).

Und noch eines: Auf der neuen Erde wird der Mensch keineswegs untätig sein, er wird arbeiten, allerdings nicht mehr „*im Schweiße seines Angesichts*" (vgl. Gen 3,19). Er wird sich vielmehr zusammen mit Gott, der der alleinige Schöpfer ist, an der Entwicklung der neuen Erde beteiligen, denn den Auftrag Gottes an den Menschen, „*den Garten zu bebauen und zu hüten*" (Gen 2,15), hat der Schöpfergott ihm vor der Sünde gegeben, und die neue Ordnung, die auf der neuen Erde gelten wird, ist ja letztlich nichts anderes als die wiederhergestellte alte Ordnung. Also bleibt der Auftrag zu arbeiten bestehen, auch auf der neuen Erde.

Dort wird es also keine Langeweile geben. Zum einen wird der Mensch durch seine innigste Verbindung mit Gott von der Liebe voll umfangen sein, zum anderen aber wird er sich an einer von Gott offenbar geplanten Entwicklung der neuen Erde beteiligen dürfen.

Wie dies konkret vor sich gehen wird, wissen wir nicht; wir wissen nur, dass es auf der neuen Erde Arbeit geben wird, um das Irdische *„zu bebauen und zu hüten"* (vgl. Gen 2,15). Diese Feststellung öffnet uns die Augen für eine Wirklichkeit, die unsere Vorstellungskraft völlig übersteigt. Die erlösten Menschen werden an einer neuen Welt bauen, die immer besser, schöner, vollkommener und funktionsfähiger sein wird.

Außer dem Auftrag zu arbeiten (vgl. Gen 2,15), gab der Schöpfergott dem Menschen des Anfangs, dem Mann und der Frau, einen weiteren Auftrag: *„Seid fruchtbar und vermehret euch, bevölkert die Erde"* (Gen 1,28). Dafür sollen sie in inniger Liebe zueinander *„ein Fleisch werden"* (vgl. Gen 2,24). Dass bei dem trinitarischen Vorgang des Entstehens des Lebens die Liebe das tragende Element war, ist eindeutig: Zunächst war die Liebe, dann – als Folge davon – der Schöpfungsvorgang. Diese Gesetzlichkeit soll im Vorgang der Weitergabe des Lebens durch den Menschen ebenso, wenn auch leiblich, aufleuchten. Auch beim Menschen ist dabei zunächst die Liebe, erst dann die Fortpflanzung.

Nun hat Jesus in einer Form, wie sie nicht deutlicher sein könnte, verkündet: *„Nach der Auferstehung werden die Menschen nicht mehr heiraten"* (Mt 22,30). Wir fragen uns: Wie ist das zu verstehen? Hört die Liebe von Mann und Frau zueinander im Himmel auf? Das hat Christus nicht gesagt, er hat nur gesagt, dass die Fortpflanzung ab dem Jüngsten Tag nicht fortgesetzt wird. Mit anderen Worten: In der Ewigkeit wird nicht gezeugt. Nach dem Jüngsten Tag wird kein einziger Mensch mehr geboren werden. Das *„Ein-Fleisch-Werden"* (Gen 2,24) als das Mittel für die Weitergabe des Lebens ist offenbar deswegen beendet, weil es keine neuen Menschen mehr geben soll.

Die Frage bleibt jedoch offen: Wie steht es in der Ewigkeit zwischen Männern und Frauen? Da sie nicht heiraten werden, soll es heißen, dass sie nicht mehr einander lieben dürfen? Um diese Frage zu beantworten, müssen wir die Aussage Jesu darüber, dass im Himmel nicht geheiratet wird, etwas umfangreicher betrachten. Seiner Aussage: *„Nach der Auferstehung werden die Menschen nicht mehr heiraten“*, hat er hinzugefügt: *„im Himmel werden die Menschen wie die Engel sein“* (Mt 22,30). Das ist ein Bild, das klar darauf hinweist, dass Männer und Frauen in der Ewigkeit zwar lieben werden – die Liebe ist ja die Atmosphäre des Himmels! – doch sie werden nach der Art Gottes lieben, d.h. nicht sexuell, sondern ganzheitlich. Was heißt das aber, *„nach der Art Gottes lieben?“* Eine kurze, doch tiefinnige Beobachtung kann uns hierzu vielleicht helfen: Was geschieht in Gott, wenn er sich einen Menschen anschaut, egal, ob es ein Mann oder eine Frau ist? Er empfindet auf Anhieb Liebe zu ihm, fühlt sich zu ihm hingezogen, freut sich über ihn, verspürt Sympathie und Wohlwollen, und all dies geschieht völlig selbstlos, ohne den kleinsten Hauch von Selbstsucht. Und so ungefähr stelle ich mir das Leben von Männern und Frauen im Himmel, d.h. auf der neuen Erde, vor. Es wird eine echte Liebe sein, eine wunderschöne Liebe, eine vom Geist der Zuneigung und Sympathie, der Wertschätzung und des Wohlwollens getragene Liebe.

Dass der Auftrag Gottes an Mann und Frau, sich zu vermehren und dafür ein Fleisch zu werden, im Himmel nun aufgehoben ist, bedeutet keineswegs, dass die sexuelle Liebe schlecht bzw. weniger gut sei. Der Auftrag, sich zu vermehren, ist dem Menschen im Himmel entzogen, weil die Phase des Zeugens endgültig vorbei ist. Um es auf den Punkt zu bringen: Auf die Erde kommt der Mensch durch Zeugung, in die Ewigkeit gelangt er durch Heiligkeit. Im Himmel wird geliebt, allerdings nach der Art Gottes. Im Himmel wird die Geschlechtlichkeit nicht aufgehoben, Männer bleiben Männer, Frauen bleiben Frauen, beide freuen sich aneinander und gehen problemlos miteinander um, jedoch ohne den auch nur leisesten Hauch von sexueller Begierlichkeit, die nicht einmal geringfügig aufscheinen wird. Dies macht die Beziehung von Männern und Frauen auf der neuen Erde keineswegs uninteressant, etwa deswegen, weil die sexuelle Begehrlichkeit fehlt. Die Liebe von Männern und Frauen im Himmel ist von einer erhabeneren Liebesqualität. Und das ist es eben, was Jesus meint, wenn er sagt, dass die Menschen im Himmel wie die Engel Gottes sein werden. Es bedeutet, dass sie einander völlig rein begegnen werden, ohne Angst, dass Begierden die Schönheit der Liebe besudeln könnten. Übrigens zeigt dieser wunderschöne Zustand der erlösten Männer und Frauen uns, die wir noch auf Erden sind, genau die richtige Art, schon jetzt auf Erden unsere Beziehungen zu den andersgeschlechtlichen Menschen, mit denen wir nicht verheiratet sind, zu gestalten und zu erleben. Jesus selber ist uns hierin ein Vorbild. Ich kann mir gut vorstellen, dass Jesus Maria Magdalena, Marta, die Frau des Klopas, Susanne wie auch alle anderen Frauen, die ihn begleiteten, sehr liebte, dass er sich sehr gefreut hat, als er sie sah. Die Begegnung Jesu mit Marta und ihrer Schwester Maria in Bethanien (vgl. Lk 10,38-42) stellt es unter Beweis.

Das ist die Art, in der Männer und Frauen im Himmel lieben werden, wie auch die Art, in der Christen schon jetzt auf Erden versuchen sollen zu lieben.

Kapitel VII.

Als seine Kinder hat Gott uns erschaffen

Unser Gott ist zweifellos ein allmächtiger und unermesslich liebender Gott. Die Qualität seines Schöpfungswerkes stellt dies unter Beweis. Allmächtig ist Gott, weil er aus dem Nichts Leben entstehen lässt (vgl. 2 Makk 7,28). Und Liebe ist er, weil er aus sich herausgeht, um das Wohl und das Glück anderer zu ermöglichen. Er ist aber auch ein bis ins Detail umsichtiger Gott. Darum „*bedachte*" er bei der Erschaffung des Menschen sorgfältig alles, was diesem hilfreich sein könnte, und ordnete es dann an: Der Mensch sollte zur Familie Gottes gehören, sich im Kreis der Dreifaltigkeit wie zu Hause bewegen, an der Erfüllung Gottes Anteil haben und im Glück schwelgen. Sein rein menschliches Leben sollte er in Freude und Einfachheit des Herzens gestalten dürfen und dabei voll aufgehen. Er sollte ein rundherum glückliches Wesen sein!

Die Sünde der Stammeltern machte diesen wunderbaren, von Gott eigens für den Menschen vorgesehenen Plan der Schöpfung zunichte. Wir wissen, wie Gott auf diese Sünde reagiert hat. Er erbarmte sich des Menschen und versprach ihm einen Erlöser, der ihn in den Zustand von einst wiedereinsetzen würde *(vgl. Gen 3,15)*. Dafür entwarf er einen neuen Plan für den Menschen. Wir nennen ihn den „*Plan der Erlösung*". Und als hätte Gott aus dem Versagen der Stammeltern „*gelernt*", baute er bei der „*Erarbeitung*" dieses neuen Planes einige „*Verstärkungen*" ein, die dazu dienen sollten, dem Menschen bei seiner unausweichlich zu treffenden Entscheidung, ob er den neuen Plan annimmt oder ablehnt, das Jawort zu erleichtern. Und aus diesem Grund enthält der neue

Plan Gottes für den Menschen einige hochwertige Elemente, die beim ersten Plan (Plan der Schöpfung) nicht vorhanden bzw. nicht explizit vorhanden waren. Welche sind diese Elemente? Besonders erwähnenswert sind zwei: erstens die klare Erkenntnis, dass der Mensch ein Gotteskind ist, und zweitens das Versprechen Gottes, dass er eines Tages selber Mensch würde.

Dass der Mensch als *ein gottähnliches Wesen* erschaffen wurde, wissen wir seit langem, denn die Genesis berichtet hinreichend davon (vgl. Gen 1,26). Was die Genesis aber nicht sagt, zumindest nicht ausdrücklich, ist, worin diese Ähnlichkeit des Menschen mit Gott konkret besteht. Erst das Neue Testament hat definitiv Klarheit darüber gebracht. *„Seht wie groß die Liebe ist, die der Vater uns geschenkt hat: Wir heißen Kinder Gottes, und wir sind es"* (1 Joh 3,1). Zwar gab es schon im Alten Testament Hinweise darauf, dass der Mensch von Gott her als Gottessohn gedacht war (z.B. *„Ihr alle seid Söhne des Höchsten"* (Ps 82,6), doch die absolute Klarheit darüber, dass es so ist, liefert erst das Neue Testament.

Kind Gottes! Größeres als dies kann es wirklich nicht geben! Denn durch die Gotteskindschaft wird der Mensch vom Augenblick der Schöpfung an gewissermaßen in die Sphäre der Dreifaltigkeit aufgenommen. Das ist so grandios, dass wir uns unbedingt damit befassen müssen. Wie kam es dazu, dass Gott uns als seine Kinder erschaffen hat? Mir scheint, dass die Antwort auf diese äußerst wichtige Frage folgende sein kann: Gott, der als Vater seit aller Ewigkeit die Zweite Person der Dreifaltigkeit *„zeugt"* und diese darum *„der Sohn Gottes"* ist und heißt, handelt nicht unähnlich, wenn er den Menschen erschafft. Und so kam es, dass Gott die Menschen als seine *„weiteren Kinder"* entstehen ließ. Anders ausgedrückt: Wie Gott Vater seinen eingeborenen Sohn in der Ordnung der Dreifaltigkeit seit aller Ewigkeit *„zeugt"*[37],

---

37 Vgl. Symbolum Quicumque: „Filius a Patre solo est: non factus, nec

so ähnlich verhält er sich in der Ordnung der Schöpfung beim Entstehen des Menschen. In beiden Fällen geht Gott als Vater aus sich heraus: In der Dreifaltigkeit geschieht es seit aller Ewigkeit, bei der Erschaffung des Menschen erst in der Zeit. Der Mensch wird als „*Sohn*" erschaffen, als Sohn Gottes des Vaters, in der Ähnlichkeit mit der Zweiten Person der Dreifaltigkeit, die der eingeborene Sohn Gottes ist.[38] Fazit: Ein jeder Mensch kommt in die Welt mit einer kindlichen Beziehung zu Gott. Und daher ist die Gotteskindschaft ausschlaggebend, um den Menschen überhaupt zu begreifen. Die Frage ist aber: Aus welchem Grund wollte Gott das Geschöpf Mensch so nahe bei sich haben, dass er es als ein „*weiteres Kind*" in der Ähnlichkeit zu seinem eingeborenen Sohn erschuf? Hätte es nicht genügt, ihn als ein über alle anderen Geschöpfe erhabenes Wesen zu erschaffen? Offensichtlich nicht. Man gewinnt den Eindruck, dass Gott unbedingt wollte, dass das Menschliche in das Göttliche eingeht und sich dort gleichsam niedersetzt. So wurde der Mensch an Kindes statt in den Lebenskreis der Dreifaltigkeit aufgenommen. Und so konnte Gott Vater Leben und Walten seiner „*weiteren Kinder*" gleichsam persönlich miterleben.[39]

Dass Gott sich nach einer unwahrscheinlich tiefen Einheit mit dem Menschen sehnt, die in dessen Aufnahme in Gott gipfelt, hat Jesus Christus seinen Jüngern kurz vor seinem Tod deutlich mitgeteilt: „*Ich bin in meinem Vater, ihr seid in mir, und ich bin in*

---

creatus, sed genitus ", d.h. „der Sohn ist vom Vater allein, nicht gemacht noch geschaffen, sondern gezeugt".

38 Gott ist Geist und darum ungeschlechtlich. Der Begriff „Sohn" bedeutet lediglich, dass er aus dem Vater ist. Es ist klar, dass mit „Sohn" in diesem Kontext sowohl Männer als Frauen gemeint sind.

39 Wenn Jahrtausende später der Sohn Gottes Mensch wird, so geschieht es eben aus diesem Grund: Gott ist Mensch geworden, um das Schicksal der Menschen in seiner Person zu tragen.

euch" (Joh 14,20). In der Aufnahme des erschaffenen Menschen in den Lebenskreis der Dreifaltigkeit schimmert am Horizont der Geschichte die Gesetzlichkeit der späteren Menschwerdung Gottes: Gott hat in Jesus Christus eine menschliche Natur in sich aufgenommen und kann deshalb das Schicksal des Menschen – eines jeden Menschen! – persönlich miterleben und mittragen[40]. Mit der Erschaffung der Menschen als seiner *„weiteren Kinder"* legte der Schöpfergott schon damals also die Grundlage für diese erst Jahrtausende später eingetretene Menschwerdung Gottes in Jesus Christus fest.

Wir fassen zusammen: Der Mensch ist von der Schöpfung her als Kind Gottes entstanden, er ist in den Kreis der Dreifaltigkeit als gottähnliches Wesen aufgenommen und genießt in diesem Rahmen eine gewisse *„Gütergemeinschaft"* mit Gott[41].

Wenn der Mensch bereits von der Schöpfung her Kind Gottes ist, dann leuchtet es ein, dass die einzig geeignete Form für die Beziehung des Menschen zu Gott die Beziehung eines Kindes zu seinem Vater ist. Ganz gleich, wie alt der Mensch ist, er ist und bleibt Gott gegenüber immer ein Kind, ein Sohn bzw. eine Tochter, ein *„Kleines"*, wenn ich es so ausdrücken darf. Und weil dies so ist, müssen wir uns unbedingt mit den praktischen Konsequenzen der Gotteskindschaft befassen. Was bedeutet konkret die Gotteskindschaft? Die Gotteskindschaft ist die Form der Ähnlichkeit mit Gott, in der wir erschaffen worden sind. *„Lasst uns Menschen machen als unser Abbild, uns ähnlich"* (Gen 1,26), heißt es bekanntlich in der Genesis. Worin diese Ähnlichkeit besteht, hat die Genesis, wie gesagt, nicht konkret beschrieben. Erst das Neue Testament

---

40 Zum tieferen Verständnis dieser äußerst wichtigen Aussage kann uns ein Wort des II. Vatikanischen Konzils helfen: „Denn er, der Sohn Gottes, hat sich in seiner Menschwerdung gewissermaßen mit jedem Menschen vereinigt" (Pastoralkonstitution *„Die Kirche in der Welt von heute"*, Gaudium et spes, 22,2).

41 „Sind wir Kinder, dann auch Erben; wir sind Erben Gottes" (Röm 8,17).

hat es getan. Die Genesis sagt lediglich, der Mensch sei als Abbild Gottes erschaffen worden, *„uns ähnlich"* (Gen 1,26). Was bedeutet das aber, Abbild Gottes zu sein? Was bedeutet Abbild überhaupt? Mit dem Wort *„Abbild"* bezeichnet man bekanntlich so etwas wie ein Spiegelbild bzw. eine genaue Wiedergabe des Urbildes. Das Abbild Gottes des Vaters ist zunächst einmal zweifellos der Sohn Gottes, die Zweite Person der Dreifaltigkeit: *„Gott von Gott, Licht vom Licht, gezeugt, nicht geschaffen, eines Wesens mit dem Vater"* (Großes Glaubensbekenntnis: GL 586,2). Dieses Abbild Gottes wurde später, *„als die Zeit erfüllt war"* (Gal 4,4), Mensch. Es ist Jesus Christus. Als menschgewordener Gott blieb er Abbild des Vaters, und zwar nicht nur im übernatürlichen Bereich des Lebens, sondern auch in dem rein natürlichen. Denn durch seine Menschwerdung wurde das Menschliche göttlich erhellt und in diesem Licht kam die wahre Natur des Menschlichen erst richtig zum Vorschein. Darum sagt der hl. Paulus ausdrücklich: *„Jesus Christus ist das Ebenbild des unsichtbaren Gottes"* (Kol 1,15). Damit wird ausgedrückt, dass Jesus Christus die Göttlichkeit, die er als Sohn Gottes in sich trägt, auch durch seine Art, das Natürliche zu erleben, zeigt. Wodurch klar wird, dass auch das Natürliche und das Menschliche geeignete Felder sind, auf denen das Göttliche glänzen kann. Jesus Christus, der *„der Erstgeborene unter vielen Brüdern" (und Schwestern)* ist (Röm 8,29), zeigt uns durch sein menschliches Verhalten, dass selbst das rein Irdische, das ein Mensch tut, Göttliches aufzeigen kann.

Wenn die Gotteskindschaft die Ähnlichkeitsform des Menschen mit Gott ist, dann ist es klar, dass sie mehr ist als nur ein weiteres Element seiner religiösen Ausstattung. Die Gotteskindschaft ist vielmehr so etwas wie ein Geist, der alles im Menschen bis zur letzten Faser seiner Person durchdringt und formt. Nichts gibt es im Menschen, das nicht von der Gotteskindschaft berührt wäre. Die Gotteskindschaft prägt das Leben des Menschen von der Wurzel her. Die Gotteskindschaft beseelt das ganze Sein des Menschen, nichts bleibt außen vor.

Wer sich als Kind Gottes weiß, der erlebt seinen gewöhnlichen Alltag wie auch die außergewöhnlichen Ereignisse, die evt. vorkommen, in der Perspektive seiner Gotteskindschaft. Er lebt vor Gott und mit Gott wie ein Kind. Und das ist die genau richtige Lebensform des Menschen, des Christen allemal, denn wir wissen ja, dass wir Kinder Gottes sind. Jetzt können wir gut verstehen, warum Jesus einmal sagte, *„wer das Reich Gottes nicht so annimmt, wie ein Kind, der wird nicht (in das Reich Gottes) hineinkommen"* (Lk 18,17), d.h. wer das religiöse Leben nicht nach der Art eines Kindes gestaltet, der hat offenbar den Weg verfehlt. Wer sich hingegen als Kind Gottes weiß, der hat ein unbekümmertes, frisches und vertrautes Verhältnis zu Gott.

Diese kindliche Beziehung zu Gott, die dem Menschen von der Schöpfung her in die Wiege gelegt wurde, kommt naturgemäß zunächst einmal in dem Bereich des direkten Umgangs des Menschen mit Gott zum Vorschein. Wenn der Mensch in Kontakt mit Gott tritt, so trifft er nicht auf einen Vorgesetzten, einen Herrscher, einen Machthaber, geschweige denn auf einen Kontrolleur oder Sittenwächter, nein, er begegnet seinem Vater, und er darf dies in der Art tun, wie ein Kleinkind seinem guten leiblichen Vater bzw. seiner lieben Mutter begegnet. Und – wie begegnet ein Kleinkind seinem Vater bzw. seiner Mutter? Das Evangelium erzählt: Als Jesus einmal den Menschen klar machen wollte, dass sie als erwachsene Menschen Kinder im Geiste werden sollten, rief er ein Kind aus der Reihe der Zuhörer herbei, stellte es in die Mitte neben sich und sagte: *„Wenn ihr nicht umkehrt und wie die Kinder werdet, könnt ihr nicht in das Himmelreich kommen. Wer so klein sein kann wie dieses Kind, der ist im Himmelreich der Größte"* (Mt 18,3-4). Es ist nicht schwer zu erkennen, dass diese Worte Jesu für die Gestaltung des religiösen Lebens wirklich ausschlaggebend sind. Darum tun wir gut daran, uns gelegentlich das Verhalten eines Kleinkindes vorzustellen und zu beobachten, wie es sich seinem Vater bzw. seiner Mutter gegenüber verhält. Denn so ähnlich sollen wir uns Gott gegenüber verhalten.

Was fällt uns auf, wenn wir uns das Leben eines Kleinen vor Augen halten? Das ist nicht schwer zu sagen. Das Erste, was auffällt, ist, dass das Kind sich bei den Eltern offensichtlich wohlfühlt. Das Kind kann sich ein Leben ohne die Eltern gar nicht vorstellen; es weiß, sie gehören zu ihm, und es gehört zu ihnen. Das Kind versteht sich selber nur in der Beziehung zu den Eltern, d.h. es weiß, dass es sie braucht[42]. Das Kind weiß sich von den Eltern geliebt, dieses Wissen ist allerdings nicht das Ergebnis eines rationalen Denkprozesses, es ergibt sich vielmehr einfach so, ganz selbstverständlich. Offenbar verfügt das Kind über ein inneres Organ, das es ihm ermöglicht, manches zu erfassen, was es erst später als Erwachsener tiefer wird begreifen können. Und so kommt es z.B., dass das Kleinkind weiß, dass dieser Mann da sein Vater ist und nicht sein Onkel oder ein Fremder, und die Frau da auch nicht seine Tante oder eine Freundin der Familie ist, sondern seine Mutter, und so sagt es mit der größten Natürlichkeit *„Papa"* oder *„Mama"*.

Wie es sich zwischen dem Kind und seinen Eltern verhält, so ähnlich ist es zwischen dem Menschen und Gott. Das absolute Vertrauen zu Vater und Mutter beim Kinde heißt auf der Ebene der Religion *„Glaube"*. Der Glaube ist somit das durch nichts zu erschütternde Vertrauen zu Gott, den man als Vater erlebt, und die feste Überzeugung, dass er nur das Gute für uns will. Dieses absolute Vertrauen ist jedoch nicht das Ergebnis rationaler Über-

---

42 Romano Guardini sagte einmal bezüglich des Verhältnisses zwischen dem Menschen und Gott: *„Der Mensch ist Mensch nur in der Beziehung zu Gott. Das ,Von-Gott-her' und ,Auf-Gott-hin' begründet sein Wesen"* (Romano Guardini: Den Menschen erkennt nur, wer von Gott weiß, 6. Aufl., S. 49).

legungen, sondern etwas, das dem Menschen geschenkt wird, wenn er die Demut hat, sich Gott gegenüber wie ein Kind vor seinem Vater zu verhalten. Gut, dass es Theologie gibt; gut, dass es Gottesbeweise gibt; gut, dass man aus der Wundertätigkeit Jesu den Schluss ziehen kann, den der römische Soldat auf dem Kalvarienberg zog, als die Erde beim Tode Jesu bebte, die Felsen sich spalteten und die Gräber sich öffneten (vgl. Mt 27,51-54): *„Wahrhaftig, das war Gottes Sohn"* (Mt 27,54). Doch der Glaube ist nicht die zwangsläufige Folge solcher rationaler Überlegungen, so sehr diese dem Entstehen des Glaubens auch helfen können und deswegen auf jeden Fall wertvoll sind; der Glaube ist ein Geschenk, das Gott jenen zukommen lässt, die wie Kinder geworden sind. Im Prolog des Johannesevangeliums heißt es: *„Er (Gott) kam in sein Eigentum, aber die Seinen nahmen ihn nicht auf. Allen aber, die ihn aufnahmen, gab er Macht, Kinder Gottes zu werden"* (Joh 1,11-12).

Daraus geht eindeutig hervor, dass Glaube und Bewusstsein der Gotteskindschaft offenbar Hand in Hand gehen und dass dieses Bewusstsein der Gotteskindschaft denen zuteil wird, die Gott mit einem kindlichen Glauben annehmen. Der Glaube wird den Demütigen geschenkt, denen also, die problemlos annehmen, dass einer da ist, der über ihnen steht und sie grenzenlos liebt, auch wenn man ihn nicht sieht. Wer diesen Glauben hat, der weiß und fühlt sich als Kind Gottes und weiß, dass Gott sich über ihn freut, dass er das Beste für ihn will, er fühlt sich geliebt und geborgen. Daraus erwächst in der Seele dieses im Geiste Kind gewordenen Erwachsenen ein wunderbarer innerer Zustand des Friedens, der Zuversicht, des Vertrauens ohne Maß.

Um es auf den Punkt zu bringen: So wie es in der Ordnung der Natur ist, dass es keinen einzigen Erwachsenen gibt, der nicht Kind gewesen ist, so ungefähr ist es auch in der Ordnung der Übernatur, d.h. in der Ordnung der Beziehung des Menschen zu Gott: Wer nicht wie ein Kind glaubt, kann kein richtiger Erwachsener auf der Ebene der Religion sein. *„Wer das Reich Gottes nicht so annimmt, wie ein Kind, der wird nicht in das Reich Gottes hineinkommen"* (Lk 18,17). Kurz gefasst: Wer dieses absolute Vertrauen zu Gott nicht so hat wie ein Kleinkind zum Vater bzw. zur Mutter, der befindet sich auf der religiösen Ebene im Grunde auf keinem guten Weg. Denn wie es im Hebräerbrief wörtlich heißt: *„Ohne Glauben ist es unmöglich, Gott zu gefallen"* (Hebr 11,6). Der Glaube eines Kindes ist also das Fundament des ganzen religiösen Gebäudes. Und der Glaube ist nichts anderes als die im Menschen spontan entstandene Zuversicht, dass Gott mein Vater ist, und dass er deswegen nur das Beste für mich will. Dieses Vertrauen, dieses *„sich auf Gott als den liebenden Vater fallen lassen"*, das ist der Glaube, der Glaube eines Kindes. Das ist das Einmaleins der Religion. Ohne das kindliche Vertrauen zu Gott ist jegliche religiöse Aktivität, ist jede theologische Forschung im Grunde auf Sand gebaut, und das religiöse Leben des Menschen kann nicht fruchten.

Um es einmal vom Negativen her auszudrücken: Wer in Gott nicht den Vater sieht, wer im Umgang mit ihm nicht die Spontaneität und die Natürlichkeit eines Kindes im Umgang mit Vater und Mutter an den Tag legt, wer Angst vor Gott hat, als wäre er so etwas wie ein penibler Vergelter, der lebt sein Christentum nicht so, wie Gott sich die Beziehung zum Menschen vorgestellt hat, und kann deshalb nicht jenen Seelenfrieden haben, den Kinder genießen, weil sie sich von den Eltern geliebt und angenommen wissen. Viele Schwierigkeiten bei der Gestaltung des geistlichen Lebens vieler guter Christen rühren im Grunde daher, dass sie in Gott nicht den Vater sehen. Hätten sie eine gute geistliche Leitung und sprächen sie dabei über die Gestaltung ihrer Beziehungen zu Gott, würden sie diese Schwierigkeiten leichter beheben und jene Freude der Befreiung erleben, die die von Jesus geheilten Kranken spürten, als sie sich geheilt sahen. Was für ein wunderbares Gefühl! Es war, als wären sie neu geboren! Ja, ein neues Leben! Das war es, was Jesus predigte: *„Ich bin gekommen, um euch ein neues Leben zu geben!"* (vgl. Joh 10,10). Das ist das schöne und völlig unbeschwerte Leben eines Kindes in der Gegenwart seines Vaters bzw. seiner Mutter. Dieses neue Leben den Menschen zu ermöglichen, dafür ist Gott letztlich in Jesus Christus auf die Erde gekommen. Eine schöne Begebenheit im Leben Jesu verdeutlicht es augenfällig. Es war in Jerusalem zu jener Zeit ein bedeutender Mann namens Nikodemus, er war ein Gelehrter, der Jesus zwar gerne hörte, aber seine Lehre, dass man als Erwachsener doch ein Kind werden sollte, nicht begreifen konnte. Jesus hatte nämlich gesagt: *„Wenn jemand nicht von neuem geboren wird, kann er das Reich Gottes nicht sehen"* (Joh 3,3). Damit hatte er gesagt, der Erwachsene müsse ein neues Leben beginnen und wie ein Kind werden. Denn nur die Kinder und die wie die Kinder werden, leben offenbar so, wie Gott es möchte (vgl. Lk 18,17). Und das war, was der Erwachsene Nikodemus nicht einzuordnen vermochte. Darum ging er zu Christus und stellte ihm die Frage: *„Wie kann ein Mensch, der schon alt ist, geboren werden? Er kann doch nicht in den Schoß seiner Mutter zurückkehren und ein zweites Mal geboren werden"* (Joh 3,4). Wahrscheinich hat Jesus beim Hören dieser Frage liebevoll gelächelt. Nikodemus hatte nichts verstanden. Er hatte die Ordnung der Biologie mit der Ordnung der übernatürlichen Gesetzlichkeit verwechselt bzw. er wusste noch nicht, dass es eine Ordnung des Übernatürlichen gibt. Nikodemus hörte sich völlig offen die Erklärung Jesu an (Joh 3,11) und glaubte an seine Worte. Er glaubte nicht, weil er sie rational verstanden hätte, sondern weil er ein unverbrüchliches Vertrauen zu Jesus hatte und wusste, dass er nur die Wahrheit verkünden kann. Das ist die Haltung derer, die als Erwachsene Kinder im Geiste geworden sind bzw. werden wollen. Sie glauben, weil sie Gott vertrauen.

Dieses Vertrauen zu Christus begleitete Nikodemus sein ganzes Leben. Selbst die schwerwiegenden Anschuldigungen gegen Jesus, die die Pharisäer und Schriftgelehrten erhoben – zu deren Kreis er letztlich gehörte (vgl. Joh 3,1) – vermochten nicht, sein kindliches Vertrauen zu ihm zu erschüttern. Er blieb ihm treu bis zum Ende. Er war derjenige, der am Karfreitag, als selbst die meisten seiner Jünger Jesus den Rücken kehrten, für ihn in die Bresche sprang und zusammen mit Josef von Arimathäa den Leichnam unseres Herrn vom Kreuz herabnahm, ihn in den Schoß der Mutter legte und dann ins Grab brachte. Er hat sich zu Jesus so verhalten wie ein Bruder, und das war er auch, denn wer in Gott seinen Vater sieht, sieht in Jesus seinen Bruder.

Kapitel VIII.

Der göttliche Wert des Menschlichen

Gott ist Geist, ewiger Geist. Geist ist etwas Körperloses. Gott ist also ein körperloses Wesen. Als körperliche Wesen, die wir Menschen sind, haben wir unsere Schwierigkeiten, das Körperlose zu begreifen. Unseren äußeren Sinnen fehlt es an jeglicher unmittelbaren Erfahrung des Körperlosen. Den Geist kann man weder sehen noch berühren, riechen oder schmecken. Weil der Mensch aber zum Glück nicht nur äußere, sondern auch innere Sinne wie auch seelische Eigenschaften besitzt, ist er dennoch in der Lage zu erfassen, dass es mehr gibt, als das, was unsere äußeren Sinne wahrzunehmen vermögen. Wenn der Mensch z.B. über sich nachdenkt, stellt er auf der Stelle fest, dass er auch denken, überlegen und schlussfolgern kann. *„Denken"* aber ist körperlos. Es gibt also das Körperlose, es gibt den Geist! Geist ist also nichts Erdachtes, geschweige denn etwas ideologisch Konstruiertes, sondern offensichtlich etwas Seiendes, das sich jedoch von den äußeren Sinnen des Menschen allein nicht erfassen lässt. Kurz, Geist ist Realität. Nur – körperlose Realität.

Unser Glaube lehrt, dass Gott ewiger Geist ist. Er ist seit immer da. Der Mensch aber nicht. Es muss also eine wahrscheinlich Milliarden Jahre lange *„Zeit"* gegeben haben, wo es nur Geist gab[43]. Was Gott als reiner Geist in dieser langen Zeit alles

---

43 Natürlich ist das eine inadäquate Formulierung, denn in Gott gibt es bekanntlich keine Zeit. Gott lebt ja in der Ewigkeit. Doch uns Menschen ist keine weitere Möglichkeit gegeben, derartige übermenschliche Geschehnisse auszudrücken, als die dafür eben inadäquate menschliche Sprache.

machte, wissen wir inzwischen gut: Er liebte und war von dieser Liebe derart erfüllt, dass er nichts anderes brauchte. Er besaß die Fülle des Seins, er sprühte vor Leben, vor Liebe, vor Glück, vor Erfüllung, nichts fehlte ihm. Als Geist in der Fülle des Seins, als ewiges Wesen in einer nie zu Ende gehenden Ekstase der Liebe, hätte Gott dieses unendlich beglückende Dasein auf ewig weiter führen können. Aber nein. Das tat er nicht, denn Gott ist nicht nur mächtig, er ist auch gütig, großzügig und zur Hingabe seiner selbst hingeneigt[44]. Und so kam es, dass Gott das überbordende Glück, das ihn erfüllte, teilen wollte. Das war die Motivation für die Schöpfung.

Zunächst erschuf Gott die Engel. Diese sind reine Geister, wie Gott auch reiner Geist ist. Nach der Erschaffung der Engel wäre durchaus denkbar gewesen, dass Gottes Schöpfungssehnsucht erfüllt gewesen wäre. Aber nein. Gott ging einen Schritt weiter und in einem Crescendo seiner Güte erschuf er auch noch den Menschen. Bei der Erschaffung des Menschen betrat Gott Neuland, denn der Mensch war zwar als geistiges Wesen erschaffen, doch im Gegensatz zu den Engeln besaß er auch Materie. Das war in der Tat ein Novum. Denn Materie hatte es bis zu diesem Zeitpunkt gar nicht gegeben[45]. Bis dahin gab es nur Geist. Und doch wollte Gott offensichtlich Materie haben. Und wenn er es so gewollt hat, dann muss die Materie etwas Gutes sein. Sie hat der Schöpfer jedoch nicht als ein eigenständiges Sein gewollt, sondern erst in der Verbindung mit dem Geist ins Dasein ge-

---

44 Diese Hinneigung zur Hingabe seiner selbst kam bereits in der Zeugung der Zweiten Person der Dreifaltigkeit aus dem Vater heraus deutlich zum Vorschein.

45 Vor der Schöpfung des Menschen hatte der Schöpfergott zwar die ganze nicht vernunftbegabte Materie bereits erschaffen, dies geschah allerdings um des Menschen willen, so dass man zu Recht sagen kann, erst mit der Erschaffung des Menschen erschien die Materie überhaupt.

holt[46]. Von Gott her gesehen, gehören Leib und Seele, Geist und Materie also immer zusammen, beide sind offenbar wertvolle und konstitutive Bestandteile der menschlichen Natur. Da stellt sich die Frage: In welchem Verhältnis zueinander stehen Seele und Leib, Geist und Materie im Ganzen des Menschen? Ist das Körperliche, das Materielle, das Irdische im Menschen wenig bedeutsam? Ist es im Sinne Gottes, dass man mit dem, was im Menschen nicht geistig ist, stiefmütterlich umgeht? Nein! So ist es nicht. Es ist anders: Der Geist durchdringt die Materie und bei dieser Durchdringung wird das Materielle nicht nur nicht aufgehoben, sondern gerade zur Vollendung seines Seins geführt. Geist und Körper leben und wirken im Menschen zusammen, doch sie behalten stets ihre eigene Identität. Weder wird der Geist durch das Zusammenwirken mit der Materie zu Materie, noch wird die Materie durch ihr Mitwirken mit dem Geist zu Geist. Es gibt keine Vermengung der Inhalte[47].

„Lasst uns Menschen machen als unser Abbild, uns ähnlich" (Gen 1,26), sprach der Schöpfer, und so entstand der Mensch. Der ganze Mensch ist also Gott ähnlich, nicht nur seine Seele. Auch

---

46 In der typischen Bildsprache der Genesis wird berichtet, dass Gott den Geist in die Materie gab, und so entstand der Mensch: *„Da formte Gott, der Herr, den Menschen aus Erde vom Ackerboden und blies in seine Nase den Lebensatem. So wurde der Mensch zu einem lebendigen Menschen"* (Gen 2,7).

47 Dies wird am deutlichsten bei der Menschwerdung der Zweiten Person der Dreifaltigkeit. Das Glaubensbekenntnis „Quicumque" (vgl. KKK, 192) erklärt: *„Das ist nun der rechte Glaube: Wir müssen glauben und bekennen, dass unser Herr Jesus Christus, der Sohn Gottes, Gott und Mensch ist. Gott ist er aus der Wesenheit des Vaters von Ewigkeit gezeugt, und Mensch ist er aus der Wesenheit der Mutter in der Zeit geboren. Vollkommener Gott, vollkommener Mensch, bestehend aus einer vernunftbegabten Seele und einem menschlichen Leibe ... Da er nun Gott ist und Mensch zugleich, so sind doch nicht zwei, sondern Einer ist Christus. Einer aber, nicht als ob die Gottheit in Fleisch verwandelt worden wäre, sondern weil Gott die Menschheit angenommen hat."*

der Leib ist Gott ähnlich. Denn der Leib, der Körper, ist ein konstitutiver Bestandteil des Menschen. Und noch eines: Weil der Mensch aufgrund seiner Ähnlichkeit mit Gott Anteil an der Gottheit hat, so trifft es sich, dass nicht nur sein Geist, sondern auch sein Leib an der Gottheit Anteil hat[48]. Deshalb konnte der hl. Paulus sagen: *„Wisst ihr nicht, dass eure Leiber Glieder Christi sind?"* (1 Kor 6,15). Eine größere Wertschätzung des Leibes als diese ist kaum möglich.

Man darf dabei nicht aus den Augen verlieren, dass die Materie, das Fleischliche, das Körperliche keine Nebenprodukte der Schöpfung sind. Gott wollte ja ausdrücklich die Materie haben! Der Mensch sollte zwar Geist sein und haben, doch erst in der Verbindung mit der Materie sollte er leben. Geist und Körper sollten im Menschen so innig und harmonisch miteinander verbunden sein, dass es nicht zwei Wesen in einem sein sollten, sondern ein einziges Wesen sollte es sein, jedoch mit zwei ganz verschiedenen konstitutiven Elementen bzw. Bestandteilen: Geist und Leib, Geist und Materie, Seele und Körper. Unter *„Materie"* verstehen wir alles im Menschen, was nicht direkt geistig ist. Die Begriffe *„Materie"*, *„Leib"* und *„Körper"* gebrauche ich im Grunde quasi als gleichbedeutend. Eines steht auf jeden Fall fest: Der Leib ist keine bloße Verpackung des Menschen, kein Nebenprodukt. Der geläufige Spruch: *„Die Augen sind Spiegel der Seele"* kann das Verhältnis verstehen helfen, in dem Körper und Seele im Menschen stehen. Ein echt frohes Gesicht z.B. zeigt an, dass die Seele des Menschen unbeschwert ist, ein unordentliches Aussehen hingegen, dass das Innere des Menschen unordentlich

---

48 Was bei der Schöpfung des Menschen für uns noch gleichsam schattenhaft geschah, kam in der Fleischwerdung Gottes voll zum Vorschein. Jesus Christus ist zugleich wahrer Gott und wahrer Mensch, nicht *„als ob die Gottheit in Fleisch verwandelt worden wäre, sondern weil Gott die Menschheit angenommen hat"* (Symbolum Quicumque, vgl. KKK, 192).

ist, und, und, und. Das Äußere am Menschen ist eine Art Echo des Inneren.

Wenn der ganze Mensch, Leib wie Seele, Gott ähnlich ist und an der Gottheit Anteil hat, so geht daraus hervor, dass auch der Leib Züge der Persönlichkeit Gottes widerzuspiegeln vermag. Dass Gott von der Schöpfung her das Menschliche dazu befähigt hat, das Göttliche widerzuspiegeln, hat er Jahrtausende später in der Person des Erlösers in vollem Maß verwirklicht. Der hl. Paulus erinnert uns: *„In Christus wohnt die ganze Fülle der Gottheit **dem Leibe nach** (corporaliter)"* (Kol 2,9 Vg).

Die Erschaffung der materiellen Welt beschreibt die Genesis mit dem Bild des Siebentagewerkes: *„Gott sprach: Es werde Licht. Und es wurde Licht. Es wurde Abend und es wurde Morgen: erster Tag. Dann sprach Gott: Ein Gewölbe entstehe mitten im Wasser und scheide Wasser vom Wasser. Es wurde Abend und es wurde Morgen: zweiter Tag"*, und so weiter bis zum siebten Tag (vgl. Gen 1,3-31). Nachdem alles erschaffen worden war – so berichtet die Genesis –, schaute Gott sich alles an, was er erschaffen hatte, und er stellte fest, dass alles *„sehr gut war"* (Gen 1,31). Also war Gott zufrieden nicht nur mit der geistigen Dimension des Menschen, sondern auch mit der materiellen. Die Materie ist also gut, weil sie von Gott kommt. Die Materie ist ein Werk Gottes und trägt in sich das Markenzeichen Gottes. Sie soll dem Geist zu einer leiblichen Ausformung verhelfen. Darum gibt es zwischen Leib und Seele, Körper und Geist eine Entsprechung, die die Harmonie beider miteinander ermöglicht. Nach der Ordnung der Schöpfung steht die Materie jedenfalls in keinem Widerspruch zum Geist. Geist und Materie leben im Menschen nicht getrennt unter einem Dach, sondern sind innig miteinander verbunden, ohne jedoch ihre jeweilige Eigenheit zu verlieren. Um es auf den Punkt zu bringen: Das Leibliche im Menschen bietet die Fläche, auf der das Göttliche erkennbar werden kann. Diese Erkenntnis dürfte genügen, um die große Bedeutung der materiellen Dimension des Menschen zu erfassen.

Wenn das Menschliche das Göttliche widerspiegelt bzw. widerspiegeln kann, dann folgt daraus zwangsläufig, dass im Menschlichen das Göttliche erkannt werden kann.

Die Bedeutung des Leiblichen im Geflecht des christlichen Lebens bringt der KKK auf den Punkt, wenn er sagt, dass Vorgänge des Menschen Dimensionen der Persönlichkeit Gottes *leiblich nachahmen* (vgl. z.B. KKK, 2335). Auf den Punkt gebracht, heißt es: Die leiblichen Vorgänge des Menschen können tatsächlich Züge der Gottheit durchschimmern lassen. So hat es sich der Schöpfergott vorgestellt. Und das ist in erhabener Weise in Jesus Christus der Fall: Seine menschlichen Werke zeigen nach außen leiblich seine Gottheit. Daran erkennen wir, dass den menschlichen Begebenheiten, selbst den materiellsten, offenbar etwas Göttliches zugrunde liegt, und dass es ein klares Zeichen *„reiferen christlichen Lebens"* ist, dies entdecken zu können. Man kann demnach sagen: Die größte Würde des rein Menschlichen ist seine Fähigkeit, die Gottheit leiblich widerzuspiegeln.

Dass die Wiederaufwertung des Leiblichen für die Verchristlichung unserer gegenwärtigen Zeit von größter Bedeutung ist, ist eindeutig, und ich denke, Gott, der Herr der Kirche, will ausdrücklich, dass wir, Christen des 21. Jahrhunderts, hierin eine Gesinnungswende vollziehen. Wie wichtig der Leib für die Erlösung ist, davon spricht die Heilige Schrift ausdrücklich. So heißt es im Hebräerbrief über Christus wörtlich: *„Darum spricht Christus bei seinem Eintritt in die Welt: Schlacht- und Speiseopfer hast du nicht gefordert, doch **einen Leib hast du mir geschaffen"*** (Hebr 10,5). Christus, der Erlöser, ist nicht nur Geist, er ist auch Leib, wir reden sogar von der Fleischwerdung Gottes. Die Erlösung geschah nicht durch eine Vergeistigung des Menschen und eine Wertverminderung des Leiblichen, sondern durch eine

Werterhöhung des Leiblichen und Materiellen. Wir bekennen in unserem Glauben, dass Jesus Christus wahrer Mensch und wahrer Gott ist. Wie wichtig das Materielle in Jesus war (und ist), kann man daran sehen, dass in Christus das Menschliche nicht ein Ableger des Göttlichen war, sondern dass er uns gerade durch das ins Göttliche eingetauchte Menschliche erlöst hat. Es täte uns gut, wenn wir begreifen würden, dass Jesus uns nicht nur dann erlöste, wenn er etwas rein Übernatürliches tat, wie z.B. beten, in der Gegenwart des Vaters handeln und dergleichen mehr, auch nicht nur als er am Kreuz starb, sondern auch wenn er in Nazareth das Holz in der Werkstatt des hl. Josef bearbeitete, wenn er in der Familie mit Maria und Josef zusammenlebte und wenn er später mit den Jüngern zusammen war und dies und jenes tat, das eher unter die Kategorie des Materiellen fällt, wie z.B. essen und trinken, lachen, aber auch weinen, Menschen zuhören etc.

Die ersten Christen, das sind unsere Brüder und Schwestern im Glauben, die Jesus und seine Mutter noch gekannt haben bzw. mindestens einige der Apostel und der heiligen Frauen, haben in Jesus, den sie über alles liebten, nicht einen Geist, sondern einen Menschen aus Leib und Seele gesehen. Sie glaubten, dass in Christus alles göttlich war und dass das Menschliche in ihm vergöttlicht war, ohne aufzuhören, menschlich zu sein. Der Leib Jesu war für sie der Leib Gottes, der Leib des Sohnes Gottes, der Mensch geworden war. Sie beteten den Leib Jesu an, den sie von seiner Gottheit nicht trennen konnten. Mehr intuitiv als wissenschaftlich-theologisch wussten sie, dass die Menschheit Jesu in völliger Harmonie mit seiner Gottheit war und wirkte. Und so lautet der Glaube der Kirche diesbezüglich: Jesus Christus ist wahrer Gott und wahrer Mensch. Und doch sind es nicht zwei, sondern nur Einer ist Christus. *„Einer nicht, als ob die Gottheit in Fleisch verwandelt worden wäre, sondern weil Gott die Menschheit angenommen hat. Einer ganz und gar,* *nicht durch Vermengung der Wesenheit, sondern durch die Einheit der Person. Denn wie die vernunftbegabte Seele und der Leib nur einen Menschen ausmachen, so ist auch Gott und Mensch nur Ein Christus"* (Symbolum Quicumque, vgl. KKK, 192). Das ist also unser Glaube: Gott hat die Menschheit (und damit ihre Leiblichkeit, ihre materielle Dimension also, ihr Fleisch) in die Gottheit aufgenommen, ohne sich jedoch mit ihr zu vermengen. Und so kommt es, dass die Werke Jesu Christi Werke Gottes sind, der sie durch seine in ihn aufgenommene Menschheit wirkt. In den Niederungen des Menschlichen erlebt Jesus Christus den Glanz seiner Gottheit. Das Menschliche wird so irgendwie Sprachrohr, aber auch Spiegel des Göttlichen. Die Werke Jesu scheinen beim ersten Zuschauen lediglich materielle Werke zu sein, doch weil er Gott ist, sind sie auch Werke Gottes. Fazit: Im Materiellen, im Leiblichen, pulsiert Gott.

Das ist so unvorstellbar groß, dass es eigentlich nicht verwunderlich ist, dass bereits in den ersten Jahrhunderten unserer Ära Stimmen in der Kirche laut wurden, die sagten, das könne nicht wahr sein, das wäre eine Verherrlichung des Leiblichen! Das Göttliche und das Menschliche in Jesus Christus seien säuberlich zu trennen, sie stünden in keiner realen Verbindung miteinander. Manche Theologen hielten den Körper Jesu sogar für einen Scheinkörper. Auf derartige Ansichten reagierte die vom Heiligen Geiste geleitete Kirche sofort, denn sie spürte, dass damit der Nerv des Glaubens getroffen war, bezichtigte sie der Häresie und definierte unseren Glauben so: Gott ist in Jesus Christus Mensch geworden und darum ist unser Herr, der Sohn Gottes, Gott und Mensch zugleich. So dass das Menschliche in Jesus Christus göttlich durchtränkt ist, ohne aufzuhören, menschlich zu sein. Es ist so wie mit einem Schwamm, der vom Wasser durchtränkt ist, ohne dadurch aufhören zu müssen, Schwamm zu sein. Gott hat tatsächlich die Menschheit angenommen. Zwar sind in Jesus

Christus das Menschliche und das Göttliche selbstverständlich verschieden, doch beide werden von einer grundlegenden Einheit getragen, nämlich von der göttlichen Person Jesu Christi. So dass sämtliche Werke Jesu Werke Gottes sind.

Und nun kommt eine vom Praktischen her sehr wichtige Erkenntnis, nämlich: Wenn es in Jesus Christus so ist, dann kann es in den einzelnen Menschen, vor allem in den einzelnen Getauften, nicht anders sein, denn Jesus ist für uns ja, wie es bei Paulus heißt, *„der Erstgeborene von vielen Brüdern"* (und Schwestern) (Röm 8,29). Dies zu begreifen, ist sowohl für den einzelnen Christen wie auch für die Kirche im Allgemeinen von eminenter Wichtigkeit. Man kann dies so formulieren: Wer nicht erkennt, dass Menschliches und Göttliches, Natürliches und Übernatürliches, Weltliches und Religiöses, bei aller Wahrung und Würdigung der jeweiligen Eigenheit, miteinander zu tun haben, läuft am Wesen des Christentums vorbei. Und wer das Göttliche oder aber auch das Menschliche in Jesus Christus geringschätzt, ebenso.

Der katholische Glaube lehrt, dass das Menschliche in Jesus Christus sehr wichtig ist. Das Menschliche in Jesus ist, wie mehrmals bereits gesagt, wohl anders als das Göttliche, ohne das Menschliche jedoch wirkt Jesus nicht. Er will offenbar auf das Menschliche angewiesen sein.

Wenn man sich aber in der christlichen Landschaft umschaut, stellt man fest, dass es auch heute noch manche Christen gibt, die das Materielle in Christus als nicht so wichtig betrachten, das Wichtigste sei ja der Geist. Sie vertreten die Auffassung, dass es im christlichen Leben vor allem auf das Geistige ankommt, das rein Menschliche habe eigentlich eine geringere Bedeutung. Die meisten unter ihnen würden dies nicht so formulieren, sie leben aber danach. Ihre Einstellung ist: Hauptsache beten, alles andere komme danach. Und fast ohne es zu merken, verpassen sie die Begegnung mit Gott beim Erleben des Weltlichen. Die menschlichen Werte, unter anderem auch die sogenannten menschlichen Tugenden wie auch das menschliche Auftreten und dergleichen mehr seien im Grunde nicht so wichtig für das christliche Leben. Um hier nur einige Beispiele zu nennen: Es gibt Christen, die auf die äußeren Erscheinungsformen kaum Wert legen, für manche strenggläubigen Frauen ist die Kleidung lediglich als Hülle des Körpers zu verstehen, deswegen legen sie keinen besonderen Wert auf Schönheit. Dass Jesus Christus gepflegt aussah und fein gekleidet war, das scheinen diese Menschen nicht zu wissen. Dass es so war, wird von der Heiligen Schrift bezeugt. Bei der Kreuzigung Jesu stellten die Henker fest, dass das Obergewand Jesu ohne Naht war, also besonders wertvoll, darum warfen sie das Los, wem es gehören soll, statt es vierzuteilen, wie es bei Kreuzigungen sonst üblich war.

Vor diesem Hintergrund wird klar, dass die im Laufe der Geschichte lange vertretene Überbewertung der geistlichen über die rein menschliche Komponente der Person dem Christentum schwer geschadet hat, ja schaden musste, denn das ist nicht der von Gott für die Erlösung vorgesehene Weg. Wenn das Christentum das Materielle, also letztlich das rein Menschliche, geringschätzt und vorwiegend auf das Geistliche achtet, dann *„wird das Gotteshaus zum einzig wahren Standort des christlichen Lebens. Christsein bedeutet dann, zur Kirche zu gehen, an sakralen Zeremonien teilzunehmen und sich in einer **kirchlich** geprägten Umgebung abzukapseln, in einer isolierten Welt, die sich als Vorhalle des Himmels darstellt, während die gewöhnliche Welt draußen ihre eigenen Wege geht. Die Lehre des Christentums und das Leben der Gnade würden so den mühsamen Gang der menschlichen Geschichte kaum streifen, ihm jedoch niemals begegnen"*[49]. Die Folgen, die wegen der Überbewertung des Geistlichen bei gleichzeitiger Min-

---

49 Josefmaria Escrivá: Gespräche, 113

derbewertung des Menschlichen in der Kirche entstanden sind, sind sehr schmerzlich. Eine der markantesten ist die Entfremdung der Welt von Gott. Der Christ konzentriert sich auf das direkt Spirituelle und gibt das Weltliche aus der Hand; die Feinde der Kirche übernehmen es gerne und zerstören die rechte Ordnung des Weltlichen so, dass die in der Materie ohnehin vorhandenen Spuren Gottes kaum mehr wahrnehmbar sind. In dieser Geisteshaltung, die in unseren Breiten weithin anzutreffen ist und trotz deutlicher Worte des II. Vatikanischen Konzils bei manchen guten Christen auch heute noch lebt, taucht die alte Auffassung der Häretiker der ersten Jahrhunderten unserer Geschichte wieder auf, die ein Zusammenleben des Göttlichen mit dem Menschlichen für Unsinn bzw. für unhaltbar hielten.

In einer solchen Welt, die Gott aus ihrer Mitte verbannen will, ja inzwischen teilweise verbannt hat, leben wir. Es ist, als würden die, die an Gott nicht glauben, uns sagen: *„Kümmert ihr euch um das Spirituelle, den Rest machen wir schon. Das Weltliche übernehmen wir."* Und da stehen wir heute. Wir fragen uns: Was ist nun zu tun? Was können, was sollen wir angesichts des massiven Auszugs aus der Kirche tun? Was angesichts der zunehmenden Gottvergessenheit? Einfach zuschauen? Auf die nun entstandene Lage schimpfen? Traurig werden? Die alten Zeiten herbeiwünschen? Natürlich nicht! All das führt ins Abseits, in die Sackgasse. Was tun? Uns mit Optimismus wappnen und einfach warten, dass das Blatt sich irgendwann von allein wendet? Nein, das auch nicht!

Was tun? Die Antwort liegt auf der Hand: Wir müssen uns einen Ruck geben und selbst eine Wende vollziehen, eine beinahe *„kopernikanische Wende".* Wir müssen sehen, dass wir die rechte Beziehung lernen, in der Natürliches und Übernatürliches, Menschliches und Religiöses miteinander verbunden sind, und dass wir in unserem alltäglichen Leben dem gesamten Geflecht des Materiellen die Bedeutung geben, die Jesus selber uns vorgelebt hat. Wenn Gott die Erlösung der Menschheit ausgerechnet durch die Annahme des Menschlichen in das Göttliche gewirkt hat, so kann Erlösung nur auf diese Weise *„funktionieren"*. Das ist also die *„Methode"* für die Verwirklichung von Erlösung zu jeder Zeit der Geschichte und deshalb auch für die so herbeigesehnte *„Neuevangelisierung"*. Daran geht kein Weg vorbei. Ich bin felsenfest überzeugt, wenn wir Christen so lebten, dass wir in den menschlichen Begebenheiten Gott entdeckten, würde die Krise in der Kirche bald verschwinden.

Vor dem Hintergrund dieser gigantisch wichtigen Erkenntnis wird der Horizont unseres Glaubens auf einmal leuchtend klar, als würde der Nebel sich vor unseren Augen heben und wir mit einem Mal eine wunderbare, leuchtende Landschaft vor uns sehen. Und – wie sieht diese Landschaft aus? So sieht sie aus: Wir Christen bemühen uns aktiv und gezielt darum, alles Menschliche, was wir tun bzw. erleben, in Verbindung mit Gott zu bringen. Alles Menschliche, das wir erleben, ist für uns dann eine Gelegenheit, Gott zu begegnen. Dass der Mensch dann im menschlichen Bereich eine noch größere Erfüllung finden wird, ist sicher[50]. Wer dies als Kern der Taufberufung erkennt, der hat das Christentum für sich entdeckt.

---

50 Bei seiner Amtseinführung in Rom als Nachfolger des hl. Petrus sagte Benedikt XVI. dazu wörtlich: „Haben wir nicht alle irgendwie Angst, wenn wir Christus ganz herein lassen, uns ihm ganz öffnen, könnte uns etwas genommen werden von unserem Leben? Müssen wir dann nicht auf so vieles verzichten, was das Leben erst so richtig schön macht? Würden wir nicht eingeengt und unfrei? … Nein. Wer Christus einlässt, dem geht nichts, nichts – gar nichts verloren von dem, was das Leben frei, schön und groß macht. Nein, erst in dieser Freundschaft öffnen sich die Türen des Lebens. Erst in dieser Freundschaft gehen überhaupt die großen Möglichkeiten des Menschseins auf. Erst in dieser Freundschaft erfahren wir, was schön und was befreiend ist" (Verlautbarungen des Apostolischen Stuhls, 168, S, 36).

Wie unsere Geschichte sich entwickeln wird, wie die Zukunft der Menschheit aussehen wird – man denke nur an die viel beschworene Auseinandersetzung der Kulturen, etwa an eine mögliche Islamisierung der Welt – hängt letztlich davon ab, ob wir Christen intellektuell, aber auch vom Herzen her verstanden haben, dass die Erlösung der Menschen und damit die Erneuerung des Angesichts der Erde durch das Hineingehen des Menschlichen in das Göttliche geschieht. Deshalb pflegt der Christ, bevor er eine Tätigkeit beginnt, kurz in sich zu gehen und Gott, den er in seinem Herzen weiß, zu sagen, er wolle diese Tätigkeit so verrichten, dass sie ihm gefalle. Dann wird diese Tätigkeit erlöst, und die Welt sieht zumindest in dieser einen menschlichen Tätigkeit ein wenig besser aus.

Es geht kein Weg daran vorbei: Entweder lernen wir Christen das Weltliche in Verbindung mit Gott zu bringen, oder das Werk der Erlösung wird langsam, allzu langsam vor sich gehen. Und das widerstrebt Jesus, für den die Langsamkeit ein Fremdwort ist. *„Ich bin gekommen, um Feuer auf die Erde zu werfen. Wie froh wäre ich, es würde schon brennen!"* (Lk 12,49), hat er über sich selbst gesagt.

Der göttliche Wert des Menschlichen! Wenn wir Christen Gott in den Dingen dieser Welt entdecken, dann ist Gott gegenwärtiger in der Welt und die Welt ist dann automatisch christlicher geworden.

Ich schließe mit einem Wort des hl. Josefmaria Escrivá, den Johannes Paul II. bei dessen Heiligsprechung wörtlich als *„den Heiligen des Gewöhnlichen"* bezeichnet hat. Escrivá sagt: *„Macht euch in dieser Stunde mit neuer Klarheit bewusst, dass Gott euch aufruft, Ihm gerade in den materiellen, weltlichen Aufgaben zu dienen. Im Labor, im Operationssaal eines Krankenhauses, in der Kaserne, auf dem Lehrstuhl einer Universität, in der Fabrik, in der Werkstatt, auf dem Acker, im Haushalt, in diesem ganzen, unendlichen Feld der menschlichen Arbeit wartet Gott Tag für Tag auf uns.*

Seid davon überzeugt: Jede noch so alltägliche Situation birgt etwas Heiliges, etwas Göttliches in sich, und euch ist aufgegeben, das zu entdecken ... Es gibt keinen anderen Weg. Entweder lernen wir, den Herrn in unserem alltäglichen Leben zu entdecken, oder wir werden ihn niemals finden. Es tut unserer Zeit Not, der Materie und den ganz gewöhnlich erscheinenden Situationen ihren edlen, ursprünglichen Sinn zurückzugeben ... Ich versichere euch, wenn ein Christ die unbedeutendste Kleinigkeit des Alltags mit Liebe verrichtet, dann erfüllt sich diese Kleinigkeit mit der Größe Gottes. Das ist der Grund, warum ich immer und immer wieder betone, dass die christliche Berufung darin besteht, aus der Prosa des Alltags epische Dichtung zu machen. Himmel und Erde scheinen sich am Horizont zu vereinigen; aber nein, in euren Herzen ist es, wo sie eins werden, wenn ihr heiligmäßig euren Alltag lebt."[51]

---

51 Josefmaria Escrivá: Gespräche, 114, 116